주님으로부터

주님으로부터

매일
하나님이 들려주시는
따뜻한 그 말씀

임은미

규장

이 책을 읽는 모든 이를 위한 주님의 약속,
'하나님의 임재'를 기대합니다!

✦

이 책의 제목은 《주님으로부터》이다.

나는 38여 년 전 처음으로 〈주님으로부터〉라는 칼럼을 만들어서 내 생각에 주님이 나에게 하시는 말씀이라고 여겨지는 말씀들을 글로 적었다.

내가 이렇게 〈주님으로부터〉라는 칼럼을 적게 된 동기는 '큐티'(QT, Quiet Time)에 대한 대천덕 신부님의 세미나였다. 지금은 하늘나라로 가신 대천덕 신부님은 나의 영성에 가장 큰 영향을 주신 분이라고 하겠다.

'큐티 세미나'에서 대천덕 신부님은 하나님의 말씀으로 묵상을 하고 삶의 적용을 마친 뒤에 꼭 "주님! 말씀하옵소서! 좋이 듣겠나이다!" 이러한 기도와 함께 "하나님의 음성이 아닌 모든 음성은 나에게서 떠나갈지어다! 하나님의 음성만 들릴지어다!"라는 기도를 하고, 그 이후에 마음에 들어오는 생각들은 '하나님의 음성'이라 여기고 무조건 적어보라고 하셨다.

그러다 보면 처음에는 마음에 들려오는 음성이 하나님의 음성이 아닌 것도 있을 수 있지만, 차차 하나님의 음성에 익숙해진다는 말씀이었다.

나는 그 세미나를 들은 이후로 〈주님으로부터〉라는 칼럼 제목을 정하고, 지금까지 38년의 세월이 흐르도록 하나님의 음성 듣는 훈련을 해왔다. 매일 말씀을 듣고 들은 말씀을 적어두었다. 기록하지 않은 날은 있지만, 하루도 주님의 음성을 듣지 않은 날은 없는 것 같다.

때로는 잘 못 들어서 '나는 정말 하나님의 음성을 들을 줄 아는 사람인가?'라는 혼동과 의심의 시간도 없지는 않았다. 그러나 피조물로서 창조주인 하나님의 말씀을 들을 수 있다는 것이 얼마나 큰 특권이요! 자랑이요! 그리고 하나님의 크고 크신 사랑의 표현인지!!

이 책은 내가 11번째로 쓰는 책이 된다. 이번 책은 지난 10권의 책과 다른 점이 딱 한 가지 있다.

지난 10권의 책은 주님이 쓰라는 마음을 주실 때 한결같이 "단 한 사람을 위해서 쓰렴!" 그런 마음을 주셨다. 나는 가능한 한 많은 사람이 읽고 도움받을 것을 생각하면서 글을 쓰고 싶은데 주님은 "아니야! 단 한 사람이라도 너의 책을 읽고 힘을 얻을 수 있으면 된단다!"라는 말씀을 주셨었다.

그런데 이번 책은 그렇지 않았다.

"유니스야!(유니스는 재미교포인 나의 미국 이름이다) 이번 책은 나를 위하여 쓰도록 하렴! 너는 그냥 '받아쓰기' 하면 된단다. 이번 책이 너에게는 가장 쉽게 쓰는 책이 될 거야!"

그런 말씀을 주셨다. 그리고 정말 이번 책은 가장 쉽게(?) 쓴 책이기도 하다. 시간으로는 다 합해서 한 달이 걸리지 않았다.

이 책을 시작할 때 하나님이 나에게 약속하신 것은 '이 책을 읽는 모든 사람에게 임하실 하나님의 임재하심'이었다. 나는 기대한다! 하나님께서 각 사람에게 어떻게 '하나님의 임재하심'을 나타내 주실는지!!

나에게는 내 묵상을 읽어주는 10만여 명의 '묵상 식구'들이 있다. 그중 약 1,000명은 나의 '중보기도팀원'들이다. 이 책이 발간되기까지 1,000여 명의 중보기도팀이 아침저녁으로 기도해준 것은 물론이고, 그중에서도 약 200명이 넘는 식구들은 시간을 정해 놓고 24시간 끊어지지 않는 릴레이 기도를 한 달 내내 해주었다.

또한 내가 《주님으로부터》라는 책을 쓰기 시작한다고 내 묵상에 올린 날부터 10만 명의 내 '묵상 식구'들도 기도를 시작해주었다. 그러니 이 책은 '특별한 기도'가 실려 있는 책이라고 하겠다.

이 책을 통하여
'살아계신 하나님의 임재하심'이
책을 읽기 시작하는 모든 하나님의 자녀에게
함께할 것을 나는 믿는다!
그것은 주님이 이 책을 쓰기 전에 해주신
'약속의 말씀'이니까 말이다!

이 책이 발간되기까지 수고해주신 모든 분의 기도와 시간과 정성과 사랑에 마음 다하여 감사드린다.

케냐 리무르의 차밭을 바라보며
임은미 선교사

프롤로그

1부 너는 내가 기뻐하는 자라

2부 너와 함께하는 나를 바라보라

3부 내게 너의 믿음을 보여줄지니라

1부

너는
내가 기뻐하는
자라

오늘도 너는 내게 새로운 기쁨이라

"해 아래에는 새것이 없나니"(전 1:9)
해 아래 새것이 없지만, 너는 내게 항상 새로운 나의 자녀라.

부모가 자식을 키울 때
그 아이의 조그만 손짓 하나
발짓 하나도 신기해하는 것처럼
나는 매일같이 너를 보고 있어도
매일같이 너는 나에게 새로운 기쁨이라.

너는 나에게 기쁨이라. 매일같이 새로운 기쁨이라.
너를 바라보는 나의 마음이 항상 즐겁고 기쁘기 때문이라.

너의 하나님 여호와가 너의 가운데에 계시니
그는 구원을 베푸실 전능자이시라
그가 너로 말미암아 기쁨을 이기지 못하시며
너를 잠잠히 사랑하시며
너로 말미암아 즐거이 부르며 기뻐하시리라 하리라 습 3:17

너는 내 것이라. 너는 매일같이 내 것이라.
매일같이 나에게 커다란 기쁨이요 새로운 기쁨이라.

나는 오늘도 너와 동행할 것이고,
너는 오늘도 행하는 모든 일을
나에게 맡기게 될 것이니라.
너와 한결같이 동행하는 하나님을
너는 오늘 또 새롭게 만나게 될 것이라.
그래서 네게는 또 새로운 감사가 태어날 것이니라.

너는 나의 보배라

너는 내게 보배로운 존재라.
너를 생각할 때 내 마음에는 보배로운 것밖에 없음이라.
이 보배로운 생각들을 세어보려고 할진대,
바닷가의 모래알보다 더 많다는 것을
너는 기억하여야 할지니라.

너는 바닷가에 가서 모래알을 세어본 적이 있느냐?
너를 향한 나의 보배로운 생각은
그 많은 모래알보다 그 수가 더 많다는 것을
너는 꼭 믿어야 할지니라.
나는 네게 선한 하나님 아버지가 됨이라.
너를 생각하는 내 마음에 악한 것이 전혀 없다는 것이다.

하나님이여 주의 생각이 내게 어찌 그리 보배로우신지요
그 수가 어찌 그리 많은지요
내가 세려고 할지라도 그 수가 모래보다 많도소이다
내가 깰 때에도 여전히 주와 함께 있나이다 시 139:17,18

너는 내게 보배로운 존재라.
네가 내게 세상의 그 어떤 보물보다도
보배로운 존재라는 것을 너는 믿어야 할지니라.
내가 너를 존귀하게 여기고 있음이라.

내가 네게 항상 말하듯이
나는 네 이름을 내 손바닥에 새겼음이라.
오늘도 나는 내 손바닥을 보면서
네 이름을 기억하고 있다는 것이다.

내가 너를 내 손바닥에 새겼고
너의 성벽이 항상 내 앞에 있나니 사 49:16

네가 하는 모든 일 중에
너 혼자 하는 것은 하나도 없음이라.
여호와 하나님이 너와 동행하고 계심이라.
그래서 내 이름이 "임마누엘" 하나님인 것이라.
나는 오늘 이 시간도 너와 동행하는
살아 있는 여호와 하나님이시니라.

내 자녀가 된 특권을 누려라

내 자녀가 된 네게는 자녀의 특권이 있음이라.
많은 것을 누릴 수 있음이라.
너는 나의 자녀이기 때문이라.

영접하는 자 곧 그 이름을 믿는 자들에게는
하나님의 자녀가 되는 권세를 주셨으니 요 1:12

네가 나의 자녀이기 때문에
내가 가진 모든 것이 너의 것이라는
생각을 해본 적이 있느냐?
네가 나에게 물었을 때,
내가 그 어느 것 하나라도 아끼면서
네게 주고 싶지 않은 것이 있겠느냐?

너는 나의 자녀라.
나의 사랑하는 자녀라.
내가 내 독생자를 주기까지 사랑한 사람이
바로 너이기 때문이라.

하나님이 세상을 이처럼 사랑하사 독생자를 주셨으니
이는 그를 믿는 자마다 멸망하지 않고
영생을 얻게 하려 하심이라 요 3:16

너는 나의 자녀라.
너는 하나님의 자녀가 된 특권을 가졌으니
그 수많은 특권을 누릴지니라.
하나님의 자녀가 된 특권이니 특권을 누릴지니라.

너는 하나님의 사랑을 나타내는 빛 된 자라

너는 이 땅의 빛이라.
여호와 하나님을 나타내는 빛이
네 얼굴에 있을 것이니라.
사람들은 네 빛을 보면서
여호와 하나님이 빛이시라는 것을 알게 될 것이니라.

너희는 세상의 빛이라
산 위에 있는 동네가 숨겨지지 못할 것이요 마 5:14

네가 가는 곳마다 광명이 있을 것이니라.
네가 가는 곳마다 하나님께서
한 사람 한 사람을 얼마나 사랑하시는지
하나님의 사랑의 빛이
너를 통해 나타나게 될 것이니라.

네 마음속에 여호와 하나님의 생각을 가득 갖고 있으면
네 얼굴에는 자연스럽게 빛이 나타나게 될 것이니라.

여호와 하나님은 빛이라.
여호와는 해요 방패이시라.
해같이 빛나는 하나님의 모습이
네게도 함께할 것이니라.
그것은 네가 나의 자녀이기 때문이라.

여호와 하나님은 해요 방패이시라 ⋯ 시 84:11

어느 곳에 가더라도 너는
빛 된 자의 삶을 살게 되리니
내가 빛이기 때문이라.
내가 네 안에, 네가 내 안에,
빛 된 내가 네 안에 있음으로 말미암아
너는 빛 된 자의 삶을
넉넉하게 살 수 있게 되는 것이라.

그 날에는 내가 아버지 안에, 너희가 내 안에,
내가 너희 안에 있는 것을 너희가 알리라 요 14:20

너는 믿음의 경주자라

너는 믿음의 경주를 하고 있다는 것을
잊지 말아야 할 것이니라.
믿음의 경주인 것이라.

운동장에서 달음질하는 사람이
다 함께 달리기를 시작할지라도
오직 한 사람이 상을 받는다는 말씀을 기억할지니라.

운동장에서 달음질하는 자들이 다 달릴지라도
오직 상을 받는 사람은 한 사람인 줄을 너희가 알지 못하느냐
너희도 상을 받도록 이와 같이 달음질하라 고전 9:24

나는 네가 이 땅에서 살아가는 삶이 게으르거나
또한 세상의 것으로 타협하거나
세상 사람들이 갖는 것을 보면서 부러워하거나
그렇게 세월을 버리는 사람이 되지 않기를 원하노라.

세월을 아끼라.
때가 가까우니 세월을 아낄지니라.

그러니 믿음의 경주에서 완주하는 너를 상상해 보고,
믿음의 경주에서 완주했을 때 네가 상을 받는
그 시간을 상상해 볼지니라.
그렇다면 네가 지금
무엇으로 시간을 보내야 할지 알 것이라.

여호와 하나님은 너를 인도하는 하나님이시라.
절대로 시간을 낭비하지 말라.
때가 가까우니라.
세월을 아낄지니라.

세월을 아끼라 때가 악하니라 엡 5:16

너는 새로운 피조물이라

내가 너의 죄를 모두 다 도말하였도다.
너의 죄는 깊은 바다 아래에 내려앉았고
나는 다시는 그 죄를 끄집어내지 아니할 것이니라.

사랑하는 딸아, 사랑하는 아들아
너는 새롭게 되었느니라.

그런즉 누구든지 그리스도 안에 있으면 새로운 피조물이라
이전 것은 지나갔으니 보라 새것이 되었도다 고후 5:17

보라, 이전 것은 지나갔으니
너는 새로운 피조물이 된 것이라.
새로운 피조물에게 어떤 과거가 있겠느냐?
아무런 과거가 없음이라.

네 모든 죄에 대한 기록을 내가 도말하였음이라.
내가 도말하였음이라. 나 여호와는 심판관이라.

내가 네 죄를 사한 이유는
네가 앞으로 더 이상 죄의 노예가 되지 않고
나 여호와를 경외하면서
밝고 맑고 정직하게 살아가라는 것이라.
그리고
그렇게 살 수 있다는 것이라.

너는 새롭게 살아갈 수 있단다

내가 사람들을 용서할 때 사용하는 언어들이 있음이라.
'깊은 바다'라고도 말하고, 짓밟아 버렸다고도 말하고,
도말했다고도 말함이라.

네가 죄를 고백하면 내가 너의 죄를 '도말'했다는 것은
마치 벽에 새로운 색칠을 하는 것처럼
그 안에 있는 모든 것은 가려지고 없어짐이라.

나 곧 나는 나를 위하여 네 허물을 도말하는 자니
네 죄를 기억하지 아니하리라 사 43:25

또한, 내가 너의 죄를 '짓밟았다'고 하는 것은
그 형체를 기억하지 않는다는 것이라.
짓밟게 되면 형체를 알지 못하게 되는 것이라.

내가 그 죄를 짓밟아 버렸다는 것은
그 죄가 어떠한 죄라 할지라도,

살인이라 할지라도,

간음이라 할지라도,

포악함이라고 할지라도,

거짓말이라고 할지라도,

도둑질이라고 할지라도,

어떠한 형태의 죄였든지

그 형체를 기억하지 않는다는 것이라.

다시 우리를 불쌍히 여기셔서

우리의 죄악을 발로 밟으시고

우리의 모든 죄를 깊은 바다에 던지시리이다 미 7:19

너의 죄를 고백하였느냐? 믿을지니라.

그 모든 죄가 하나님 앞에서 도말되고 짓밟혔기에

너는 새롭게 새 인생을 시작할 수 있음이라.

"이전 것은 지나갔으니 보라 새것이 되었도다"(고후 5:17)

그 말씀을 기억하고 또 기억하면서

너는 매일같이 새롭게

하나님을 사랑하면서 살아갈 수 있는 것이라.

너는 나의 귀한 아들이라

너는 무엇을 그렇게도 주저하느냐?
여호와 하나님이 지금까지 너를 도와주셨음이라.
에벤에셀 여기까지 인도하신 하나님이시라.
그런데 너는 왜 또 주저하고 망설이고 또 따져보고
또 의심하고 또 낙망하고 한숨 쉬고, 왜 그러느냐?

너는 내 아들이라.
나의 종이기도 하지만
내가 막 부리는 종이 아니라 내 아들이라.
내가 귀히 여기는 아들이오,
잘못하여도 금방 용서해주는 아들이오,
항상 나의 마음이 너와 함께하고 있음이라.

너의 앉고 일어섬을 내가 다 신경 쓰고 있고
주의하고 있고 소중히 여기고 있고,
너의 한 마디 한 마디에 내가 귀를 기울이고 있음이라.

사랑하는 아들아,
그러니 제발 이제는
자책하거나 자괴감과 자기연민에 빠지지 말지니라.
그것이 나의 마음을 아프게 하는 것이라.

너는 나를 기쁘게 하고 싶다고 기도하지만
네가 우울해지고 자책하고 낙망하는 그 모습이
여호와 하나님을 슬프게 한다는 것을 알고 있느냐?

네가 어떤 일을 하고
내게 어떤 제물을 올려드리는 것 때문에
내가 기뻐하는 것이 절대로 아니라는 것을
너는 알아야 할 것이니라.

나를 똑바로 알라.
여호와 하나님을 똑바로 알아갈지니라.

하나님이 너를 얼마만큼 사랑하는지
그 사랑의 깊이와 높이와 넓이를
힘써 알아가도록 기도할지니라.

무엇 무엇을 해달라는 기도보다는
하나님께서 나를 얼마나 사랑하는지,
그 사랑의 깊이와 높이와 넓이와 길이를
힘써 알게 해달라고 그렇게 기도를 바꿀지니라.

나는 너를 사랑하는 하나님이라.
너를 항상 경책하는 하나님이 아니라
너를 사랑하는 하나님이니 명심할지니라.
나는 너를 사랑하는 하나님이라는 것을.

하나님이 우리를 사랑하시는 사랑을
우리가 알고 믿었노니 하나님은 사랑이시라
사랑 안에 거하는 자는 하나님 안에 거하고
하나님도 그의 안에 거하시느니라 요일 4:16

네 죄를 감추지 말고 내게 고백하여라

네가 지은 죄를 어떻게 해야 하는지 너는 알고 있지 않니?
나에게 고백해야 한단다. 아무도 모르는 것 같아도
나는 알고 있다는 것을 너는 알아야 할지니라.

나는 모든 것을 보고 있고 알고 있고 듣고 있는
하나님이라는 것을 너는 기억해야 할지니라.

난 네가 왜 그런 죄를 지었는지, 왜 그런 곳에 갔는지,
왜 그런 말을 했는지, 왜 그런 말을 들어야 했는지
모든 것을 알고 있단다. 너는 나에게로 돌아와야 할지니라.

나는 너를 기다리고 있음이라. 너의 있는 그대로 나올지니라.
나는 너를 알고 있으니 네가 감출 것이 아무것도 없음이라.
너는 내게로 돌아올지니라.

자기의 죄를 숨기는 자는 형통하지 못하나
죄를 자복하고 버리는 자는 불쌍히 여김을 받으리라 잠 28:13

용서받은 너는 사랑하는 자가 될지니라

네가 죄를 지었을 때
내가 네게 원하는 제사는 "상한 심령"이라.

하나님께서 구하시는 제사는 상한 심령이라
하나님이여 상하고 통회하는 마음을
주께서 멸시하지 아니하시리이다 시 51:17

회개할 때 꼭 필요한 것은 "상한 심령"인 것이라.
너는 너의 죄로 인하여 마음 아파하느냐?
눈물이 나느냐?
다시는 같은 죄를 범치 않게 되기를 진심으로 원하느냐?

네가 회개하면 하나님은 미쁘시사
네 모든 죄와 모든 불의에서
너를 용서하신다는 말씀을
상고하여 볼지니라.

만일 우리가 우리 죄를 자백하면
그는 미쁘시고 의로우사 우리 죄를 사하시며
우리를 모든 불의에서 깨끗하게 하실 것이요 요일 1:9

너는 용서받은 사람이 되어서 더욱 하나님을 사랑하고
하나님을 기쁘게 하기를 힘쓰는 자가 되어야 할 것이니라.
왜냐하면 너는 용서받음에 대한 확신이 있으니까 말이다.
용서의 참된 열매는 '넘치는 감사'라는 것을
너는 알고 있으니까 말이다.

내가 너를 용서한다는 그 자체가
네가 죄를 마음껏 지을 수 있는
죄의 면허가 아니라는 것을
너는 알고 있어야 할 것이니라.

나는 오늘도
네가 용서해달라고 한 죄들을 용서해주었으니
새 마음 가지고 새 기쁨과 새 감사로 나를 사랑하고
나를 위한 사랑으로 이웃을 사랑하면서 살아가는
네가 되어야 할지니라.

내 사랑의 깊이를 헤아려보아라

너는 네게 일어나는 모든 일과
네가 만나는 모든 사람을 통해
내가 얼마만큼 너를 사랑하는지
그 사랑을 배우고 있음이라.
내 사랑의 깊이와 높이, 넓이와 길이,
이러한 것들을 너는 배우고 있음이라.

능히 모든 성도와 함께
지식에 넘치는 그리스도의 사랑을 알고
그 너비와 길이와 높이와 깊이가 어떠함을 깨달아
하나님의 모든 충만하신 것으로
너희에게 충만하게 하시기를 구하노라 엡 3:18,19

네가 누군가에게 상처가 될 만한 말을 하고 싶었지만
그 사람을 위해 그 말을 참았던 적을 기억하느냐?
그러한 것을 통해서 너는
나의 어떠한 사랑을 배운다고 생각하느냐?

얼마나 많은 시간,
내가 네게 하고 싶었던 말을
하지 않고 참았는지
너는 이제 생각해볼 수 있겠느냐?

내가 말하고 싶었지만 그 모든 말을 참은 것은
네가 나에게 돌아올 수 없을 정도로 힘들어할까 봐,
너를 위해서였음이라.

그것이 내가 너를 사랑하는 '사랑의 깊이'가 됨이라.

너는 나의 '사랑의 넓이'는 많이 알고 있지만,
내가 너를 사랑하는 그 '깊이'를 알고 있느냐?
내가 네게 수없이 참고, 말하지 않았던 것은
너를 사랑하는 내 사랑의 깊이 때문인 것이라.

너는 내 영광이 머물 깨끗한 그릇이라

너는 양심이 올바르냐?
너는 오늘 하나님과 사람 앞에서
깨끗한 양심을 갖고 있다고 고백할 수 있겠느냐?

너의 양심이 깨끗한 그곳에
너의 마음이 정직한 그곳에
여호와 하나님의 영광이 머문다는 것을 생각해보았느냐?

여호와 하나님의 영광이 네 삶에 드러나기를
너는 얼마만큼 소원하느냐?

여호와 하나님의 영광이 있는 곳에 네가 거하기를
너는 얼마만큼 사모하고 있느냐?

주를 향하여 이 소망을 가진 자마다
그의 깨끗하심과 같이 자기를 깨끗하게 하느니라 요일 3:3

나는 거룩한 자라.
여호와 하나님은 거룩한 자라.
네게 거룩한 영이 있어야
여호와 하나님의 거룩한 영이 너와 함께 머물면서
기뻐함을 갖게 되는 것이라.

그의 성령을 우리에게 주시므로 우리가 그 안에 거하고
그가 우리 안에 거하시는 줄을 아느니라 요일 4:13

성결하기를 힘쓰라

너는 기이한 일들을 보기 원하느냐?
네 삶에 돌파구가 필요한 때가 있느냐?

자신을 성결케 하라.
내가 여호수아에게 명령하였듯
너 자신을 성결케 할지니라.

여호수아가 또 백성에게 이르되
너희는 자신을 성결하게 하라
여호와께서 내일 너희 가운데에
기이한 일들을 행하시리라 수 3:5

"기이한 일들",
한 가지 기이한 일이 아니라
여러 가지 '일들'이라는 것이라.

사람들이 나 여호와 앞에서 기도하고 간구하면서
무엇을 달라고 간절히 기도하는 것이 중요하겠지만,
내가 그들의 음성을 듣지 않는다는 것이 아니라
나는 기도하는 사람들이 성결하기를 원함이라.

그들의 손이 깨끗하고
그들의 마음이 깨끗하고,
그래야 그들이 가진 마음의 동기가 깨끗해질 것이라.

여호와 하나님은 거룩하신 하나님이신지라
거룩한 기도들을 응답하여줄 것이니라.

네 삶에 기이한 일들을 보기를 원한다면
너는 성결하기를 힘써야 할지니라.

곧 손이 깨끗하며 마음이 청결하며
뜻을 허탄한 데에 두지 아니하며
거짓 맹세하지 아니하는 자로다 시 24:4

너는 내가 기뻐하는 종이라

너는 잘하고 있음이라.
너는 나를 기쁘게 하고 있음이라.

여호와 하나님이 기뻐하는 종은
나를 사랑하는 종이요,
내 목소리 청종하기를 기뻐하는 종이요,
하나님의 말씀이라고 여겨지는 말씀은
순종하기를 망설이지 아니하는 종이라.

너는 그러한 종이로다.
내가 너를 기뻐하노라.
내가 너와 동역하는 것을 기뻐하노라.
너는 나의 마음을 헤아리기 원하고,
내가 기뻐하는 일을 급히 하기를 원하기 때문이라.

네가 무엇보다도 내 마음을 이해하기 원하고,
내가 원하는 것을 해주기를 원하는 그 마음 때문에

내가 너를 기뻐하노라.
너의 길이 형통할 것이니라.
너의 길에 순적함이 있을 것이니라.
네가 하는 모든 일에
기쁨과 감사와 평강이 있을 것이니라.
너는 평강의 하나님을 이미 알고 있고,
또한 네게 기쁨을 주시는 하나님의 능력을 알고 있음이라.

네 평생에 여호와 하나님의 선하심과 인자하심과
너를 인도하심이 너를 따를 것이니라.
너는 그 자리를 지킬지니라.
끝까지 지킬지니라.

내 평생에 선하심과 인자하심이 반드시 나를 따르리니
내가 여호와의 집에 영원히 살리로다 시 23:6

너는 내 음성을 듣는 나의 종이라

모든 사람이 너를 칭찬할 때,
그것은 네게 아주 위험한 사인이라는 것을
너는 알아야 할 것이니라.
주 예수 그리스도 역시
모든 사람에게 칭찬받지 않았다는 것을
너는 기억할지니라.

거짓 선지자들은 모든 사람에게 칭찬받기를 원하고,
또 많은 사람이 거짓 선지자들을 칭찬하는데
너는 그런 것을 사모하지 말라.

모든 사람이 너희를 칭찬하면 화가 있도다
그들의 조상들이 거짓 선지자들에게
이와 같이 하였느니라 눅 6:26

사람들에게 칭찬받는 그 자체가
네게 우상이 되어서는 안 되는 것이라.

너는 내가 해주는 '인정'만 사모하면 되는 것이라.
내가 네게 뭐라고 말하는지,
그것을 항상 명심하고 그 음성에 순종할지니라.

여호와 하나님이 하시는 말씀 한마디 한마디에
순종하는 너의 그 모습이 나에게는 아름다운 것이라.

그러니 사람들의 칭찬과 인정에 굶주린
초라한 사람이 되지 않도록 하라.
너는 나의 종이라.
내 종은 내 음성을 듣게 되어 있음이라.

하나님을 종 부리듯 기도하지 말라

네 마음에 하나님의 나라가 임하기를 원하느냐?
마음에 하나님의 나라가 임하기를 원한다면
여호와 하나님을 왕으로 섬길 줄 알아야 하느니라.

만물이 그에게서 창조되되
하늘과 땅에서 보이는 것들과 보이지 않는 것들과
혹은 왕권들이나 주권들이나 통치자들이나 권세들이나
만물이 다 그로 말미암고 그를 위하여 창조되었고 골 1:16

나는 너의 창조주이고
너는 나의 피조물이라.

너는 기도라는 이름으로
마치 종을 부리듯이 내게 명령하지 말지니라.
나는 너의 창조주라.
피조물이 아닌, 창조주인 것이라.

내가 네게 기도할 수 있는 특권을 준 것이지,
그 기도로 인하여 나를 마음껏 부릴 수 있는 게 아님을
너는 항상 명심해야 할 것이니라.

나는 너의 왕이라.
나는 너의 창조주라.
항상 그것을 잊지 않는 네가 되었으면 좋겠구나.

하나님께 영광을 돌린다는 말의 의미

여호와 하나님의 영광을 구한다는 것이
네게는 어떤 뜻으로 들리느냐?
네가 매사에 하나님께 영광을 돌린다는 것은
네가 하는 모든 일이 너의 능력이 아니고,
너의 힘이 아니고,
너의 지혜가 아니라는 것을
사람들이 알게 한다는 것이다.

그러니 그 어느 것 하나 너로 말미암은 것이 없고
모든 것이 하나님으로부터 말미암았으니,
네가 일을 하거나 사람들에게 말을 할 때
뭐라고 말하면 되겠느냐?

여호와여 영광을 우리에게 돌리지 마옵소서
우리에게 돌리지 마옵소서
오직 주는 인자하시고 진실하시므로
주의 이름에만 영광을 돌리소서 시 115:1

나는 네가
"하나님께서 이번에도 또 도와주셨습니다"라는,
여호와 하나님에 대한 말을 꼭 했으면 좋겠구나.

"내가 그렇게 말하지 않는다고 해도
하나님께서 알고 계신다"라는 말도 맞지만,
나는 여호와 하나님께서 너를 도와주신 것을
너만 아는 것이 아니라
다른 사람들도 알도록
너의 입술로 고백하기를 원함이라.

나를 고백하라.
내가 행한 일들을 고백하라.
여호와 하나님을 고백할지니라.

앞서가지 말고 분명한 내 뜻을 먼저 행하라

너는 왜 그렇게 나보다 먼저 앞서가려고 하느냐?

내가 너한테 말한 것은
범사에 감사하라는 거였고,
쉬지 말고 기도하라는 거였고,
항상 기뻐하라는 거였다.
그것이 내 뜻이라고 분명히 네게 말해주었다.

너는 내가 네게 말해준
가장 기본적인 하나님의 뜻도 행하지 아니하면서
왜 그렇게 하나님의 깊은 뜻을 알고 싶고
하나님의 더 나은 뜻을 알고 싶어 하느냐?

너는 먼저 네가 내 앞에서
항상 기뻐하기를 힘쓰는지,
쉬지 않고 기도하기를 힘쓰는지,
범사에 감사하기를 원하는지

그것을 먼저 돌아보는 것이 어떠하겠느냐?

심판은 내가 할 것이라.
네가 할 것이 아니고 심판은 내가 할 것이라.
너는 심판주가 아니라
나의 명령에 따라 살아가야 하는 나의 종인 것이라.

너는 분명히 네가 나의 종이라고 하지 아니하였느냐?
종이라면 상전의 말을 들어야 하지 않겠느냐?
상전에게 이거 해라 저거 해라 말하는 종을 보았느냐?

나는 내 할 일을 할 테니,
너는 내가 네게 하라는 그 가장 기본적인 나의 뜻을
먼저 행하는 네가 되었으면 참으로 좋겠구나.

그러므로 어리석은 자가 되지 말고
오직 주의 뜻이 무엇인가 이해하라 엡 5:17

힘을 얻고 더 많이 얻게 되는 비결

사랑하는 딸아.
네가 건강을 되찾게 될 것이니라.
네가 이전에 갖고 있던 좋은 건강을 다시 찾게 될 것이니라.

네가 기도하기 때문이고,
주의 일을 많이 하기 때문이라.
네가 내 일을 많이 하고 있으니
내가 너를 바라볼 때 왜 마음이 안타깝지 아니하겠느냐?
네가 건강을 온전하게 회복하게 될 것이니라.

믿을지니라.
그리고 기도할지니라.

무엇보다도 하나님을 기뻐하는 것이
너의 힘이라는 것을 너는 알고 있음이라.
매사에 하나님을 더욱더 기뻐하는 자가 될지니라.

네가 지금 가진 힘보다 더 많은 힘이 네게 더해질 것이니라.
그것이 네가 더 많은 힘을 갖게 되는 비결이 될 것이니라.

또한, 너는 지금까지 그렇게 살았음이라.
아무리 어려웠어도 하나님을 기뻐하는 것을
너의 힘으로 삼을 줄 아는 지혜가 네게 있었음이라.

여호와는 나의 힘과 나의 방패이시니
내 마음이 그를 의지하여 도움을 얻었도다
그러므로 내 마음이 크게 기뻐하며
내 노래로 그를 찬송하리로다 시 28:7

일어나 내게로 돌아오너라

사랑하는 딸아.
너는 왜 낙담하느냐?
너는 왜 나를 실망시키느냐?

내가 너를 어떻게 불렀는지 너는 알고 있음이라.
너는 너의 소명을 아는 자로다.
너는 내게 나와서 나를 섬기겠다고 서원한 자가 아니더냐.

그 소원이 어디로 갔느냐?
나를 사랑하던 그 첫사랑은 어디를 갔느냐?
너는 왜 걱정에 매여 있느냐?
왜 걱정의 노예가 되었느냐?
언제부터 너는 그렇게 변하였느냐?

딸아, 나에게로 다시 돌아올지니라.
환경을 바라보지 말고 나를 바라볼지니라.
너와 나의 관계를 바라볼지니라.

너는 나에게서 너무 멀리 가 있음이라.
이전에 네가 얼마큼 나와 가까운 사이였는지를 기억한다면,
네가 지금 얼마큼 멀리 가 있는지를 네가 알고 있음이라.
그래서 네 영혼이 곤고한 것이라.

회개하고 나에게 다시 돌아올지니라.
너와 내가 새롭게 시작할 수 있음이라.

여호와의 말씀에
너희는 이제라도 금식하고 울며 애통하고
마음을 다하여 내게로 돌아오라 하셨나니 욜 2:12

남들을 기대하지 말라.
내가 언제 부모의 중보기도에 네 마음을 다 싣고
모든 기대를 하라고 했더냐?
나를 믿으라고 했지
내가 언제 네 부모의 기도를 믿으라고 했느냐?
왜 부모의 기도가 네 우상이 되도록 만들었느냐?

딸아.
그리하지 말라. 나만 바라볼지니라.

내가 너의 하나님이요,
내가 너의 여호와 하나님이요,
너의 모든 것을 책임지는 선하신 하나님이신 것이라.

너는 나에게로 돌아올지니라.
네가 나에게로 돌아오지 않은 증거는
너의 낙담이며 너의 실망이며 너의 좌절된 한숨이니
네가 언제 그렇게까지 믿음이 떨어졌더냐?

딸아, 일어날지니라.
달리다굼. 소녀야 일어날지니라.
너는 일어날 수 있음이라.
다시 시작할 수 있음이라.

그 아이의 손을 잡고 이르시되 달리다굼 하시니
번역하면 곧 내가 네게 말하노니 소녀야 일어나라 하심이라
막 5:41

너는 온전한 성전으로 지어져 가고 있느니라

사랑하는 나의 딸아
사랑하는 나의 아들아

오늘도 나는 너를 향하여 인내심을 갖고 있단다.
너는 온전한 성전으로 지어져 가고 있단다.

너희도 성령 안에서 하나님이 거하실 처소가 되기 위하여
그리스도 예수 안에서 함께 지어져 가느니라 엡 2:22

그리고 너는 혼자가 아니고
너를 도와주는 형제자매 지체들도 네 삶에 있음이라.

너도 그 누군가를 도와주어야 하고,
그 누군가도 너를 도와주게 될 것이니라.

너는 혼자가 아니라는 것을 항상 명심할지니라.

고난의 때는 네가 성숙되는 시간이라

복음을 증거하다가 핍박당할 수 있다는 것을
꼭 기억할지니라.
고난이 닥쳐올 때,
더 나아가서
핍박으로 두들겨 맞는다거나 불이익을 당할 때도
너는 믿음을 지킬 수 있겠니?
아니면 믿음을 지키기가 어렵겠느냐?

고난과 핍박이 없을 때,
불이익을 당하지 않을 때
네가 예수님을 믿는다고 말해도
이럴 때 나를 잘 섬기지 못한다면
이럴 때 믿음 생활을 잘 못 한다면

고난이 오고 핍박이 올 때
너는 과연 믿음을 잘 지킬 수 있을지 생각해보아라.
너의 환경이 어려울 때가 많이 있을 것이니라.

위로받고 싶고 너를 해명하고 싶은 마음이 가득할지라도
이 모든 시간은 네가 성숙되고 있는 시간이니
어떠한 상황을 만나더라도 불평하지 말고,
불만을 터뜨리지 말고, 볼멘소리하지 말고
감사로 깨어서 기도하는 네가 될지니라.

내 형제들아 너희가 여러 가지 시험을 당하거든
온전히 기쁘게 여기라
이는 너희 믿음의 시련이 인내를 만들어 내는 줄
너희가 앎이라 약 1:2,3

정직하고 나를 기다리는 너를 기뻐하노라

사랑하는 아들아.
네 마음속에는
항상 한결같은 정직이 있음이라.

내가 네게 약속한 것처럼
정직한 자에게 좋은 것을 아끼지 않는 하나님을
너는 또 만나게 될 것이니라.

… 여호와께서 은혜와 영화를 주시며
정직하게 행하는 자에게
좋은 것을 아끼지 아니하실 것임이니이다 시 84:11

네가 거듭 만나게 되는 하나님의 속성이 있는데,
정직한 자를 정말로 잘 대해주시고
좋은 것을 아끼지 않는 하나님을
너는 거듭해서 또 만나게 될 것이니라.

네가 세우는 모든 계획에
아무것도 염려하지 말아야 할 것은
너는 기도하면서 계획을 세우고 있음이라.

너의 기도 가운데
하나님의 뜻이 있는가 없는가를
늘 점검하고 있으니
하나님께서 그 마음을 귀히 여기심이라.

네 뜻대로 행하지 아니하고,
급히 나가지 아니하고,
항상 하나님의 시간을 기다리고,
하나님의 뜻을 기다리고 존중하고,
그러한 너의 마음을 주께서 아시니
네가 하는 일에 형통함이 있을 것이니라.
순적함이 있을 것이니라.

네 생각이 나로 가득하기를 바라노라

사랑하는 딸아.
내가 네 삶의 왕이 된다는 것을
다시 한번 기억할지니라.
내가 네 삶의 왕이라.

그 말은 내가 너를 다스리고 있다는 것이고,
너는 나의 말에 순종해야 한다는 것이라.
요즘 네 마음은 무슨 생각으로 가득한지
나는 알고 있음이라.

딸아.
내 생각으로 가득했으면 좋겠구나.
사람에 대한 생각보다
물질에 대한 생각보다
이 땅에서 받을 네 몫에 대한 생각보다
네 자녀에 대한 생각보다 그 어느 것보다도
나는 네 마음이 내 생각으로 가득했으면 정말 좋겠구나.

너는 항상 기도할 때 하나님의 기쁨이 되고 싶다고 했으니,
나의 기쁨이 되는 사람은 내 생각으로 가득한 사람이라.

마음이 세상일로 가득한 사람이나
인간관계 때문에 사람들과의 좋은 관계, 나쁜 관계,
당연히 맺어야 하는 어떤 관계들에 대한 생각으로
가득한 사람보다는
나에 대한 생각으로 가득한 사람이 나를 기쁘게 함이라.

딸아.
나를 기쁘게 하는 사람이 될지어다.
여호와를 기쁘게 하는 사람이 될지어다.
나에 대한 생각으로 가득 찬 너의 하루가 되기를
내가 축복하노라.

하나님 아는 것을 대적하여 높아진 것을 다 무너뜨리고
모든 생각을 사로잡아 그리스도에게 복종하게 하니 고후 10:5

사랑할 수 없다면 감사부터 해보아라

모든 사람에 대하여 감사하라.
모든 사람을 사랑할 수 없을 때는
모든 사람을 먼저 감사하도록 해볼지니라.

모든 사람이 감사하다는 것은
네가 너를 사랑하시는 하나님을 알고 더 깨달을 수 있도록
그 모든 사람이 도구가 되어주었음이라.

악한 사람은 악한 사람대로
여호와 하나님의 정의로움과 자비로움이
얼마큼 중요한지를 가르쳐주는 배역이 되었으니
그들에게 감사할 것이고,

네게 선을 베풀어준 사람들은
그들을 통하여 네가 항상 선하신 하나님을 배우게 되었으니
그들에게 감사해야 할 것이라.

누구를 만나든지 감사하는 마음을 갖게 되면
그 감사하는 마음이 자연스럽게
그들을 사랑하는 마음으로 옮겨질 수 있음이라.

그러므로 내가 첫째로 권하노니 모든 사람을 위하여
간구와 기도와 도고와 감사를 하되 딤전 2:1

사랑할 수 없을 때는 먼저 감사하도록 할지니라.
모든 사람을 감사할지니라.

내 사랑이 너를 세우고 힘을 주리라

네가 어떠한 일을 겪을지라도
네게 나를 사랑하는 마음이 있다면
그 사랑은 네게 어떤 환경에서도
극복할 힘을 준다는 것을 너는 알고 있느냐?

내가 네게 이미 말했다시피
나의 사랑에서 너를 끊을 자가 없다 했으니
네가 나를 사랑하고 내가 너를 사랑하고
네가 얼마큼 내게 사랑받는지를 깨닫고 알고 있다면
지금 마주하는 그 어떤 환경도
너는 마땅히 이겨낼 수 있음이라.
마땅히 정도가 아니고 넉넉히 이겨낼 수 있음이라.

… 다른 어떤 피조물이라도
우리를 우리 주 그리스도 예수 안에 있는
하나님의 사랑에서 끊을 수 없으리라 롬 8:39

그리하니 너무 실망하지 말라.
낙담하지 말라.
좌절하지 말라.
이것도 지나가리라.
네가 이 일을 넉넉히 이기겠음이라.

다시 네게 말하노니
너는 이 일을 넉넉히 이기겠음이라.

나의 사랑의 힘이라.
내가 너를 사랑하는 사랑의 힘이니
너는 그 사랑을 깨달아 알고 고백할 수 있어야 함이라.

그러는 과정 가운데
너는 나의 사랑을 더욱더 배우게 되고
그 사랑이 너로 하여금
모든 일을 넉넉히 이기게 해줄 것이니라.

그러나 이 모든 일에 우리를 사랑하시는 이로 말미암아
우리가 넉넉히 이기느니라 롬 8:37

나의 계획이 있는데 왜 남과 비교하느냐

사랑하는 내 딸아!
사랑하는 내 아들아!
내가 너의 하나님 아버지,
하늘에 계신 하나님 아버지가 됨이라.

절대로 너는 남들과 너를
비교 좀 하지 말아라.
비교 좀 하지 말아라.

그 비교가 어떠하든지 간에
하나님 잘 믿는 부모를 만난 친구를 비교하는 것도
여호와 하나님이 기뻐하는 비교가 아니라는 것을
너는 알아야 할 것이니라.

내게는 너를 향해 아름답고 신비롭고 완전한 계획이 있음이라.
네 부모가 너보다 하나님을 잘 못 믿는 것도
나의 계획 안에 있다는 것을 생각해본 적이 있느냐?

나의 계획을 믿을지니라.
너를 향한 나의 완전한 계획을 믿고 감사할지니라.

나는 너를 통하여 나의 영광을 받을 것이니라.
네 부모가 아니라 너를 통하여 영광 받을 것이니라.

여호와 하나님의 말씀을 신뢰할지니라.

사람들의 경험과 그들의 세상적인 지식을 의지하지 말고
여호와 하나님이 네게 뭐라고 말씀하셨는지
성경 말씀을 믿고 의지할지니라.

삼가 말씀에 주의하는 자는 좋은 것을 얻나니
여호와를 의지하는 자는 복이 있느니라 잠 16:20

오늘도 네게 구원의 기쁨과 감사가 있느냐?

네가 죄의 벌로부터 자유함 입은 것을
너는 오늘도 감사하느냐?

네가 구원받았다고 생각하는 그 날,
주 예수 그리스도를 네 삶의 주인으로
섬기겠다고 고백한 그 날에만
네게 자유한 사람의 기쁨이 있었는지,
아니면
너를 구속하여 네 죄를 사하여주고
너를 나의 자녀라고 불러주고
너를 보배롭다고 불러주는 나를
오늘 또 기억하면서 나에게 감사하는지.

나는 너의 끊임없는 감사를 원하노라.
하루만 넘치게 감사하고
그다음 날은 감사에 굶주리고
이러한 감사의 태도가 아니라

네게 넘치는 감사,
감사를 하고 나면 또 다른 감사,
그 감사를 넘어가면 또 다른 감사,
그렇게 감사가 충만한 네가 되기를 원하노라.

네가 감사로 충만하게 되면
이겨내지 못할 환경의 어려움은 아무것도 없는 것이라.
네가 감사로 극복할 수 있기 때문이라.

네 인생의 목표는
여호와 하나님께 영광을 올려드리는 것 아니겠느냐?
그러니 네가 감사를 하면
나에게 영광을 올려드리는 것이므로
네 삶의 목표를 달성하게 되는 것이니
왜 네게 충만함이 없겠으며 만족감이 없겠느냐.

오늘도 넘치는 감사를 하나님께 고백하는
네가 되기를 내가 축복하노라.

그 안에 뿌리를 박으며 세움을 받아 교훈을 받은 대로
믿음에 굳게 서서 감사함을 넘치게 하라 골 2:7

사랑을 포기하지 않되 나를 먼저 사랑하라

오늘도 나는 너와 동행하고 있음이라.
어제나 오늘이나 내일이나 영원토록 동일한
여호와 하나님의 사랑을 네가 입고 있음이라.

사랑하지 못할 사람이 많이 있을 수 있지만,
나를 사랑하기를 힘쓰도록 할지니라.

사랑할 수 없는 사람, 사랑하기 힘든 사람
그런 사람들을 사랑하려고 너무 힘쓰지 말고
먼저 나를 사랑하기를 힘쓰도록 할지니라.

마음 다하여 목숨 다하여 힘 다하여 정성 다하여
뜻을 다하여 네가 나를 그렇게 사랑하기를 힘쓰면
내가 네게 다른 사람들을 사랑할 힘을
공급해준다는 것을 너는 이미 알고 있음이라.

사랑하는 나의 딸
사랑하는 나의 아들아

사랑하는 것을 절대로 포기하지 않도록 하렴.
나를 먼저 사랑하고
이웃을 사랑하는 힘을 달라고 나에게 기도할지니라.

예수께서 이르시되 네 마음을 다하고 목숨을 다하고
뜻을 다하여 주 너의 하나님을 사랑하라 하셨으니 마 22:37

네가 가진 것들이 아니라 하나님을 기뻐하라

너는 왜 낙담하느냐?
여호와 하나님이 살아계심이라.

연단 받는 시간을 기뻐할지니라.
연단 받는 시간을 기뻐해야
연단이 빨리 끝난다는 것도
너는 알아야 할 것이니라.

사랑하는 딸아, 너는 내 것이라.
너는 내 것이니, 내가 너를 책임지지 아니하겠느냐?
자기 것을 책임지지 아니하는 주인이 어디 있겠느냐?
너는 내 것이라. 나는 너의 주인이라.

내가 좌정하고 있음이라.
내가 다스리고 있음이라.
모든 것은 내가 알고 있고 나의 능력 안에 있음이라.
내가 좌정하고 있다는 것을 너는 기억할지니라.

그리고 여호와를 기뻐하는 것이 너의 힘이라.
사람을 기뻐하는 것이 아니라
네가 가진 소유를 기뻐하는 것이 아니라
네가 가진 명예를 기뻐하는 것이 아니라
네가 가진 은사를 기뻐하는 것이 아니라
여호와를 기뻐하는 것이 너의 힘이 될 것이니라.

여호와. 여호와. 여호와.
여호와 한 분만을 의지할지니라.
오직 여호와를 앙망하는 자는 새 힘을 얻게 되어 있음이라.

딸아.
새 힘을 기대할지니라.
하나님으로부터 말미암는 새 힘을 너는 기대할지니라.

여호와께서 자기 백성에게 힘을 주심이여
여호와께서 자기 백성에게 평강의 복을 주시리로다 시 29:11

나의 일을 할 때 기뻐하고 감사하라

여호와를 섬김에 가장 중요한 것은
나를 향한 너의 사랑이라.

너는 나를 사랑하느냐?
너는 나를 사랑하느냐?

네가 나를 사랑한다고 한다면,
네 수고에 항상 기쁨과 감사가 동반될 것이니라.
감사하는 것, 그리고 기뻐하는 것.
그것이 네가 나를 사랑하면서 행하는
모든 행위의 열매가 됨이라.

네가 나의 일을 하면서 기뻐할 때
나도 기뻐함이라.
네가 나의 일을 하면서 감사할 때
내가 네게 일을 맡긴 것을 기뻐하게 되는 것이라.

네가 할 수 있는 모든 일을 내가 도와주고 있음이라.
너로 말미암는 것이 아무것도 없다는 것을
너는 내 일을 행하면서 더욱 배워가고 있음이라.
너로 말미암은 것이 아무것도 없다는 것을
너는 더욱더 감사해야 할 것이니라.

우리가 무슨 일이든지
우리에게서 난 것같이 스스로 만족할 것이 아니니
우리의 만족은 오직 하나님으로부터 나느니라 고후 3:5

그것이 곧 모든 것을 내가 하고 있다는 증거가 되는 것이니
네가 할 수 있는 것이 아무것도 없다는 그 고백을
내가 기쁘게 듣고 있음도 너는 알아야 할지니라.

네게 맡긴 모든 일은
여호와 하나님께서 그분의 영광을 위해 네게 맡긴 것이니,
네가 행하는 모든 일이
주 하나님께 영광을 올리는 일들이 될 것이니라.
나의 일을 행하면서 기뻐하는 너의 기쁨이
곧 나의 기쁨이 되고 있음이라.

내가 너를 잊어 응답이 없다고 생각하느냐?

기도하다가 내가 네 기도에 응답하지 않는 것 같아서
'아, 하나님은 나를 잊으셨구나. 내 기도를 듣지 않으시는구나'
그런 생각이 들 수 있겠지만 절대 그렇게 생각하면 안 된단다.

나는 네가 그렇게 생각하는 것도 이미 알고 있고
네가 그렇게 말한 것도 다 듣고 있음이라.

아무것도 염려하지 말고 기도하라.
깨어서 기도하라. 감사함으로 기도하라.

나는 내가 가장 크게 영광받는 그때
네 기도에 응답해줄 것이니라.
기도가 응답되지 않는 그 시간은
네가 자라나고 있는 시간이라.
깨어서 기도하고 '감사'로 기도하는 자가 될지니라.

기도를 계속하고 기도에 감사함으로 깨어 있으라 골 4:2

기도가 응답되지 않는 그 시간은
네가 자라나고 있는 시간이라

나를 사랑하는 마음이 없다면

내게 있는 모든 것
내게 있는 가장 귀중한 것
예수 그리스도.

독생자 예수 그리스도를
내가 너를 위해 주었노라.

내가 나의 독생자 예수 그리스도를
너를 위하여 아끼지 아니하였다면
그 어느 것인들 아끼겠느냐?
믿을지니라.

자기 아들을 아끼지 아니하시고
우리 모든 사람을 위하여 내주신 이가
어찌 그 아들과 함께 모든 것을
우리에게 주시지 아니하겠느냐 롬 8:32

네게 가장 좋은 것을 주기 원하시는
하늘에 계신 너의 아버지 하나님을
너는 믿을지니라.
나는 네가 가장 좋은 것을 누리고 갖기를 원하노라.

그러나
네 마음속에 나를 사랑하는 마음이 없다면
네가 가진 그 어느 것인들 의미가 있겠느냐?

네 인생의 가장 큰 의미는
하나님 사랑인 것이라.
나를 사랑하기에 힘쓰라.

내가 네게 가장 좋은 것으로
항상 인도해주고,
보급해주고, 준비해주며,
동행해줄 것이니라.

그러한 여호와 하나님을 믿을지니라.
선한 하나님을 믿을지니라.

하나님의 뜻을 분별하기 원한다면

사람들이 하나님의 뜻을 알고 싶어 하는데,
성경에 이미 하나님의 말씀이 기록되어 있다는 것을
너도 알고 있음이라.

항상 기뻐하라고 했고,
쉬지 말고 기도하라고 했고,
범사에 감사하라고 했음이라.
그것이 나의 사랑하는 자녀들을 향한
하나님의 뜻이라고 내가 이미 말해주었음이라.

항상 기뻐하라 쉬지 말고 기도하라 범사에 감사하라
이것이 그리스도 예수 안에서 너희를 향하신
하나님의 뜻이니라 살전 5:16-18

그리하니 어떤 일을 하려고 할 때
이것이 하나님의 뜻인가 확인하려면
네 마음속에 기쁨이 있는가 확인하는 것이

지혜가 되지 않겠느냐?
네가 계획하는 일 때문에
너는 이전보다 더 열심히 기도하게 되었는지,
그리고 네가 하고자 하는 그 일이 감사한지.

그렇다면 너는 기뻐하는 사람이 되었고
더 기도하는 사람이 되었고,
하고자 하는 일에 감사가 있으니
그것은 하나님의 뜻이라고 믿어도
절대로 어려움이 없는 그러한 믿음이 될 것이니라.

하나님의 뜻을 아는 것은 그렇게 어렵지 않은 것이라.
이미 성경에 기록된 것을 잘 상고하여 보면
하나님의 뜻인가 아닌가 분별하는 것은
그렇게 어렵지 아니하니라.

매사에 하나님을 기쁘시게 하고자 하는
그 마음의 중심,
그것을 잃지 않으면 되는 것이라.
하나님이 보시는 것은 너희 마음의 중심인 것이라.

내가 부어주는 성령의 역사가 무엇인지 아느냐?

너는 오늘 감사하였느냐?
너는 오늘 아침에 일어나서 나에게 감사하였느냐?

감사로 제사를 지내는 자가 여호와를 영화롭게 한다는
말씀을 너는 기억하고 있느냐?

감사로 제사를 드리는 자가 나를 영화롭게 하나니
그의 행위를 옳게 하는 자에게 내가 하나님의 구원을 보이리라
시 50:23

하나님께 영광을 돌린다는 것에 많은 사람이 부담을 갖는데
부담 가질 필요가 전혀 없는 명령이 아니겠느냐?

감사하라는데 그것이 그렇게도 어려우냐?
네가 감사만 해도 내가 그 감사의 제사를 받고
"너는 나를 영화롭게 하였구나"라고 칭찬해주는데
감사가 그렇게도 어렵더냐?

감사가 네게 능력이 된다는 것을 너는 알고 있음이라.
내가 네게
어떤 일을 만나도 감사하라는 것은
어떤 일을 만나도 너는
감사함으로 승리할 수 있다는
확신을 얻기 때문인 것이라.

네가 스스로 불쌍하다고 생각되어도 감사할 수 있고,
일이 형통하지 않아도 감사할 수 있고,
억울하여도 감사는 할 수 있음이라.

감사는 여호와 하나님이 네게 퍼부어주시는
성령의 역사인 것이라.

성령의 역사를 사모하느냐?
감사할지니라.
너는 감사할 수 있음이라.

감사는 너의 능력이라.
감사는 너의 승리가 됨이라.

환난 날에 반드시 명심하라

환난 날에 낙담하지 말라고
내가 누누이 말해주었음이라.
환난 날은 낙담하는 시간이 아니고,
하나님을 향하여 기대하는 시간이라.
네 믿음의 진보를 기대해야 하는 시간이라.

환난 날에 낙담하게 되면 너의 원수에게
너의 약함을, 미약함을 보여주는 것이니,
절대로 낙담하지 말라.

낙담은 나에게 속한 언어가 아닌 것이라.
여호와 하나님께 속하지 아니한 언어를
네가 왜 사용해야 하겠느냐?

낙담하지 말라.
낙담하는 대신 돌이켜 감사하는 말을 하라.
이것은 배워야 하는 것이라.
그냥 되는 것이 아니니, 네가 배우도록 할지니라.

환난 날에 낙담하는 대신
어떻게 감사하는 말로 돌이킬 수 있는지
연습하도록 할지니라. 배울지니라.
내가 너를 가르칠 것이니라.
환난 날에는 절대로 낙담하지 말 것을 명심할지니라.

네가 만일 환난 날에 낙담하면
네 힘이 미약함을 보임이니라 잠 24:10

오늘 너의 기도 제목이 이것이면 좋겠구나

네 삶에 무엇이 가장 큰 만족이요
또한 기쁨이 되느냐?
나를 알아가는 기쁨이
이 세상의 그 어느 것보다 더 큰 기쁨이면 좋겠구나.

나를 사랑하는 그 기쁨
그리고 나를 알아가는 기쁨

이 세상에 다른 좋은 것이 있다 하더라도
그런 것을 배설물로 여길 수 있을 정도로
네가 나를 알아가는 그 지식이 네 기쁨이 되면 좋겠구나.

또한 모든 것을 해로 여김은
내 주 그리스도 예수를 아는 지식이 가장 고상하기 때문이라
내가 그를 위하여 모든 것을 잃어버리고 배설물로 여김은
그리스도를 얻고 빌 3:8

나는 너의 모든 것을 알고 있지만
너는 그렇지 못하지 않니?
너는 나에 대해서 더 많이 알고 싶지는 않은지?

오늘 너의 기도 제목은 무엇이냐?

안위한 것
모든 것이 순적한 것
사람들이 너를 좋아하고 인정해주고 칭찬하는 것
네가 하는 일들에 이익이 있는 것
이런 것들이 너의 가장 중심된 기도 제목인지

아니면
나를 더 알고 싶다는 것이
너의 마음속에 가장 깊은 소원인지

 나는 네가 나를 아는 것이
 이 땅에서 다른 그 어느 것을 누리는 것보다
 더 사모하는 기도 제목이면 참으로 좋겠구나.

나 외에 의지할 곳 없음이 자랑이길 바라노라

너는 내가 언제 자랑스러우냐?
너는 언제 내가 자랑스러우냐?

내가 네게 필요한 모든 것을 공급해줄 때 그때 자랑스러우냐?
아니면
네게 공급해줄 사람이 아무도 없고
네가 기대할 사람이 아무도 없고
네가 바라볼 것이 아무것도 없는 상황에서도
나를 자랑으로 여기느냐?

"오직 하나님이십니다.
하나님밖에는 나에게 다른 도움이 없습니다."
이렇게 말하는 그 시간이 네게는 자랑이냐, 부끄러움이냐?
나는 그 시간이 네게 자랑이 되었으면 좋겠구나.

너의 여호와 하나님 딱 한 분만이 너의 가장 큰 기대요
소망이라는 것이 왜 부끄러움이 돼야 하겠니?

그것은 네게 자랑인 것이라.
다시 말하노니 그것은 네게 자랑인 것이다.

사람들에게
"나는 그 누구도 기대할 수가 없는 상황입니다.
하나님 한 분밖에 바라볼 수 없네요."
이렇게 말하는 그 신앙의 고백이
네게 부끄러운 시간이 아니라 자랑이라는 것이라.

여호와 하나님
너를 살피시는 하나님
에벤에셀 여기까지 인도하신 하나님
너의 내일을 모른다 하지 아니하시고
너의 미래를 모른다 하지 아니하실
에벤에셀 오늘까지 인도하신 하나님이
너의 평생을 너의 영혼을 인도해주실 것이라.
그러한 하나님이 네게 항상 자랑이 되었으면 좋겠구나.

내 영혼이 여호와를 자랑하리니
곤고한 자들이 이를 듣고 기뻐하리로다 시 34:2

네 기쁨은 세상 사람들의 기쁨과 달라야 한단다

하늘에 계신 너의 아버지
여호와 하나님을 배워가는 것이
얼마나 큰 기쁨인지 너는 알고 있느냐?

세상의 많은 사람이
기쁨을 이야기하고 행복을 이야기하는데
정말 네가 기쁘다고 말하는 말의 고백은

네가 나의 마음을 알아갈 때,
내가 말해준 하나님의 말씀들, 계명들을
네가 깨달을 그때 일어나는 기쁨.
'그것이 참된 기쁨이구나'라고 깨닫는 그 순간이
네게 더더욱 큰 기쁨이라는 것을 너는 알고 있느냐?

네가 생각하는 기쁨은
세상 사람들이 생각하는 기쁨과 달라야 한단다.
네가 기뻐하는 기쁨은 나하고 상관이 있어야 하느니라.

그냥 네가 누리고 잘 먹고 잘살고
세상 사람들이 말하는 그런 행복이 아니라
너하고 나하고 관계가 있는 일들에서
네가 기쁨을 찾아야 한다는 것이다.

너는 오늘도 나를 배워갈 것이니라.
내가 나의 성실함으로 오늘도 너를 가르쳐줄 것이라.

주의 손이 나를 만들고 세우셨사오니
내가 깨달아 주의 계명들을 배우게 하소서 시 119:73

2부

너와
함께하는 나를
바라보라

평생, 그리고 오늘도 나의 선함이 너를 따르리라

네 평생에 나의 선함과 인자함이
너를 따르리라는 말씀을 기억할지니라.

내 평생에 선하심과 인자하심이 반드시 나를 따르리니
내가 여호와의 집에 영원히 살리로다 시 23:6

나의 선함이, 나의 자비함이, 내가 너를 긍휼히 여김이,
나의 모든 좋은 것이 너의 평생에 너를 따르리라는 것이
네게 감격이 되어야만 할 것이니라.

이런 사랑을 받는 사람이 바로
나의 딸, 나의 아들이라는 것이라.
그러하니 너는 오늘 하루를 어떻게 시작해야 마땅하겠니?

'당당하게'
'담대하게'
'밝고 힘차게' 시작해야만 하는 것이라.

아침에 나로 하여금
주의 인자한 말씀을 듣게 하소서
내가 주를 의뢰함이니이다
내가 다닐 길을 알게 하소서
내가 내 영혼을 주께 드림이니이다 시 143:8

물과 불을 지날 때 내가 너를 지켜주었노라

네가 살아온 길을 돌아볼 때
물을 지날 때가 있었고, 불을 지날 때가 있었음이라.
그러나 네가 물 가운데 지나갈 때 내가 너와 함께했고
네가 강을 건널 때 물이 너를 침몰하지 못하게 하였으며
네가 불 가운데로 지날 때도 타지 아니하도록 지켜주었노라.

네가 물 가운데로 지날 때에 내가 너와 함께할 것이라
강을 건널 때에 물이 너를 침몰하지 못할 것이며
네가 불 가운데로 지날 때에 타지도 아니할 것이요
불꽃이 너를 사르지도 못하리니 사 43:2

여호와 하나님은 너를 지키시는 하나님이라.
네 인생에 물이 없었던 것도 아니고
불이 없었던 것이 아니지만,
그러한 모든 시간에 여호와 하나님도 함께하셨다는 것이라.
그래서 물이 너를 넘지 못했고,
불이 너를 거스르지 못했음이라.

그것은 과거의 이야기만이 아니라
앞으로도 그러할 것이니라.
네가 어떠한 일을 만날지라도,
그 모든 일을 감당할 수 있도록 내가 도와줄 것이니라.

너는 너보다 먼저 가 계신 하나님을 만나게 될 것이고,
너의 모든 것을 예비하신 하나님을 만나게 될 것이니라.
나는 완전한 계획을 가지고 너를 인도하고 있다는 것을
너는 항상 명심할지니라.

새로운 계획을 세울 때 두려워하지 말지니라.
하나님께서 네게 선한 마음을 주셨음이라.
그 주신 선한 마음대로 인도하실 분도 여호와 하나님이시라.
그가 너를 끝까지 인도하실 것이니라.
그가 너를 끝까지 인도해주실 것이니라.

두려울 때 네 옆에 있는 나를 깨워라

어려운 일을 만날 때 항상 기억하여라.
네 옆에 누가 있는지를.

아무리 바다에 파도가 흉흉하고 광풍이 불어쳐도
그 배 안에 내가 너와 함께 있으면
너는 염려할 게 없다는 것을 알고 있어야 함이라.

네가 할 일은 나를 깨우는 것이라.
내가 자고 있다고 생각된다면 나를 깨우는 것이라.
그러면 네 음성을 듣고 내가 일어나서 광풍을 잠잠하게 하고,
바다에 "잠잠하라"라고 말하면 되는 것이라.
네가 그 말을 할 필요도 없는 것이라.
내가 할 것이니라.

예수께서 깨어 바람을 꾸짖으시며
바다더러 이르시되 잠잠하라 고요하라 하시니
바람이 그치고 아주 잔잔하여지더라 막 4:39

그러니 네가 알아야 할 것은 너의 바로 옆자리에
너를 사랑하는, 네 삶의 주인이 되는
예수 그리스도가 함께 있다는 것이라.
네가 그것을 인정하면 삶에 두려워할 일은
아무것도 없다는 것을 알게 될 것이니라.

내니 안심하라.

그들이 다 예수를 보고 놀람이라
이에 예수께서 곧 그들에게 말씀하여 이르시되
안심하라 내니 두려워하지 말라 하시고 막 6:50

내가 함께하니 어떤 일을 당해도 당황하지 말라

어떤 일을 만나더라도 당황하지 말지니라.
네 여호와가 이미 알고 계신 일들이 일어나는 것이라.
내가 모르는 것은 아무것도 없음이라.

네 여호와가 아는 가운데 일어난 일들이라면
네가 감당하지 못할 일은 아무것도 없음이라.
그러니 어떤 일에도 당황하지 말라.
하나님께서 너를 성숙시키고 있음이라.

네가 삶에서 일어나는 일들에 당황하지 않고,
'이 일을 통하여 내가 얼마만큼
예수 그리스도의 장성한 분량까지 자라나게 될까',
'하나님은 어떤 계획을 가지고
내게 이 일을 허락하셨을까'
생각하는 것을
여호와 하나님께서 기쁘게 여기시느니라.

우리가 다 하나님의 아들을
믿는 것과 아는 일에 하나가 되어
온전한 사람을 이루어
그리스도의 장성한 분량이
충만한 데까지 이르리니 엡 4:13

어떤 일을 만나더라도 절대로 당황하지 말라.
주께서 너와 함께하심이라.
그 하나님이 네가 이 일을 잘 견디고 지나가도록
도와주실 것이니라.

너와 함께하시는 하나님을
너는 이번에 또 만나게 될 것이니라.
살아계신 하나님이시라.

네 계획과 결정에 평강과 기쁨이 있느냐?

오늘 너는 무엇을 계획하고 있느냐?
그리고 그 계획, 결정, 선택 모든 것에
네 마음에는 평강이 있느냐? 기쁨이 있느냐?
그렇다면 그것은 나의 뜻으로 여겨도 되는 것이라.
그대로 행해도 되는 것이라.

그러나 마음에 아직도 혼동이 오고
불안한 마음이 있고 기쁨이 없다면
너는 멈춰 서서 나를 기다려야 하느니라.
기다릴 때는 기도하는 것을 잊어서는 안 되겠지?

그러면 나는 네게 좀 더 확실한 방법과
환경의 열리고 닫힘으로 너를 인도해줄 것이니라.
내가 너를 인도해줄 것에 대한 신뢰가 무엇보다 필요하단다.

너는 범사에 그를 인정하라
그리하면 네 길을 지도하시리라 잠 3:6

살아 있는 하나님의 말씀으로 인도를 받으라

어떤 것을 생각하더라도
나에 대한 생각이 우선이어야 함을 잊지 말지니라.
너의 시선을 여호와 하나님께 온전히 고정하는 것이
얼마나 중요한지 너는 더욱 알아가게 될 것이니라.
주 예수 그리스도께서 네 마음과 네 생각에
충만히 거하시도록 기도할지니라.

여호와 하나님은 네 생각을 다스리고 인도하길 원하시고
네 마음에 평강 주기를 원하시느니라.
너는 하나님을 올바로 알아야 할 것이니라.
너를 향한 여호와 하나님의 생각을 알아야 할 것이니라.
그분의 생각은 절대로 재앙이 아니라 항상 너를 위한
놀라운 계획들이라는 것을 명심해야 할 것이니라.

여호와의 말씀이니라 너희를 향한 나의 생각을 내가 아나니
평안이요 재앙이 아니니라
너희에게 미래와 희망을 주는 것이니라 렘 29:11

여호와 하나님께서 너를 인도하시고 너와 함께하심이
그분이 네게 이미 주신 말씀 안에
모두 기록되어 있다는 것도 알아야 할 것이니라.
너는 살아 있는 하나님의 말씀으로 인도받아야 함이라.

말씀 가운데 살아 있는 하나님을 네가 만나게 될 것이니라.
그의 인도하심에는 실수와 오차가 없으시고
또한 늦어짐도 없으시나니
여호와 하나님은 항상
가장 정확한 시간에 너를 만나주시고
또한 너의 길을 보여주시고
너의 길을 열어주시는 하나님이신 것이라.

그러한 하나님을 너는 이미 알고 있음이라.
네게 전혀 새롭지 아니한 하나님이신 것이라.

그는 지금까지 너를 인도하셨고 앞으로도 인도하실 것이고,
또한 네 삶 가운데 그리스도의 장성한 분량이 이루어지기까지
여호와 하나님께서 너를 절대로 포기하지 않는다는 것을
너는 또한 알아야 할 것이니라.

하나님께 영광 돌리며 사는 자에게 함께하는 것

네 마음속에 평강이 있음이라.
이 평강은 사람이 줄 수 없는 평강이라.
여호와 하나님만이 줄 수 있는 평강이 네 마음에 있음이라.

평안을 너희에게 끼치노니 곧 나의 평안을 너희에게 주노라
내가 너희에게 주는 것은 세상이 주는 것과 같지 아니하니라
너희는 마음에 근심하지도 말고 두려워하지도 말라 요 14:27

이 평강이 너를 다스려줄 것이니라.
평강이 있는 곳에 네가 갈 것이고,
평강이 없는 곳에 네가 멈춰 서게 될 것이며,
평강이 있는 그곳에 기쁨도 함께 있을 것이니라.

그렇게 네가 하나님의 뜻이 무엇인지
분별하게 될 것이니라.

네 마음속에 평강이 있느냐?
네 마음속에 기쁨이 있느냐?
하나님의 뜻인 것이라.

네가 그렇게 할 때 하나님의 뜻대로 행하게 될 것이고,
하나님의 뜻대로 행할 때 하나님께서 영광을 받으실 것이니라.
너는 나의 영광을 위해서 살고 있음이라.

네가 존재하는 목적이 바로
여호와 하나님께 영광을 돌리기 위한 것이니,
오늘도 여호와 하나님의 영광이 너를 통해 나타나고,
그렇게 하나님의 영광이 되는 삶을 살아가는 과정에서
늘 네 마음속에 평강과 기쁨이 함께할 것을 믿을지니라.

주 나의 하나님이여 내가 전심으로 주를 찬송하고
영원토록 주의 이름에 영광을 돌리오리니 시 86:12

외로울 때는 나를 깊이 만나야 할 때니라

네가 외로울 때가 있느냐?
외롭다는 것은 네가 너 자신만 생각하기 때문이라고
생각해본 적은 없느냐?

나의 이름이 임마누엘이라고 했으니,
나는 너와 항상 함께하는 여호와 하나님이라.
네가 나와 항상 함께한다는 그 임재함을 잊지 않는다면
네 마음에서 '외로움'이라는 표현은 사라지게 될 것이니라.

보라 처녀가 잉태하여 아들을 낳을 것이요
그의 이름은 임마누엘이라 하리라 하셨으니
이를 번역한즉 하나님이 우리와 함께 계시다 함이라 마 1:23

네가 외롭다고 생각될 그때는
네가 나를 더 깊이 만나야 할 때가 아닌가
그렇게 생각해보는 것이 어떻겠니?

나를 더 깊이 만나게 되면
네가 외로웠다는 그 생각마저도 잊게 된다는 것을
너는 알고 있음이라.

내가 너와 더 깊은 이야기를 나누고 싶을 때
네 마음속에 외로운 마음이 든다고 생각한다면
너는 외로울 때 더더욱 나를 깊이 만나고자 하는
기대감으로 충만하게 될 것이니라.

나는 너와 함께하는 하나님이요,
너와 교제하기 원하는 하나님이요,
너와 더욱더 친밀해지기를 원하는 하나님이라는 것을
네가 알아야 할 것이니라.

네가 절대 속아서는 안 될 거짓말

마귀가 너를 유혹하고 네게 시험을 갖다줄 때 하는
아주 보편적인 말이 하나 있다는 것을 기억하라.

"하나님이 너를 도와주지 않으셔.
하나님이 너와 함께하지 않으셔.
그가 너를 떠나셨어."
이러한 말이 바로 마귀의 속삭임이란다.
절대로 넘어가서는 안 되는 마귀의 거짓말이란다.

나는 네게 "너는 성전이며,
그 성전 안에 하나님의 영이 거하신다"라고 말했음이라.

너희는 너희가 하나님의 성전인 것과
하나님의 성령이 너희 안에 계시는 것을 알지 못하느냐 고전 3:16

나는 "임마누엘" 하나님이라.
"임마누엘"이란 '너와 항상 함께하신다'라는 뜻인 것을
너는 알고 있음이라.

"임마누엘."
"임마누엘."

오늘 너는 절대로 혼자가 아니라는 것을 믿어야 할지니라.
감정이 아니라 믿음인 것을 또한 잊지 말아야 할 것이니라.

나는 너와 함께하고 있단다.
네 마음 안에 내가 함께하고 있단다.

내가 너를 불렀는데 왜 자신감이 없느냐

네가 자신감이 없다고 생각할 때,
그때 역시 네가 너를 생각하는 시간인 것이라.

왜 너는 네게 집중하느냐?
왜 너는 네가 잘하고 못하고,
나, 나, 나에 대한 생각에서 벗어나지 못하느냐?

그리하지 말라.
너는 나의 종이라.
내가 너를 불렀음이라.
그리고 내가 너를 부른 이후에 후회함이 없음이라.

하나님의 은사와 부르심에는 후회하심이 없느니라 롬 11:29

내가 너를 불렀다는 것은 너를 책임진다는 것이라.
네가 하는 모든 일을 내가 책임져줄 것이라.

네가 지혜가 필요하면 내가 네게 지혜를 줄 것이요,
네가 힘이 필요하면 내가 네게 힘을 공급해줄 것이니라.

내가 너를 불렀으니 너의 평생을 내가 책임질 것이니라.
너는 그러한 하나님을 알고 있음이라.
너는 나를 모르는 자가 아니라 나를 아는 자로다.

너의 처음과 마지막을
너의 여호와 하나님께서
주관하고 계시며,
알고 계시며,
인도하고 계시며,
또한 그 하나님은
너에 대한 모든 계획에 실수가 없으시니라.

너를 완전하게 아는 하나님께서
너를 완전한 방법으로 인도하고 계심을
너는 매일 믿어야 할지니라.

나와 동행하며 내가 행할 것을 기대하라

나는 알파와 오메가라.
처음이요 마지막이라.
내가 너의 처음과 마지막을 알고 있음이라.
나는 너와 동행하는 임마누엘 하나님이라.

쉽게 낙담하지 말라.
쉽게 좌절하지 말라.

나 여호와 하나님의 새로운 인도하심,
새로운 기름 부으심과 새로운 역사하심을 기대할지니라.
그렇게 기대하는 것이 믿음인 것이라.

믿음이 있는 자가 될지니라.
믿음 없는 자가 되지 말고 믿음 있는 자가 될지니라.

나는 너를 끝까지 인도해줄 것이니라.
푸른 초장으로 인도하고, 쉴 만한 물가로 인도할 것이니라.

나는 네게 분명히 "선한 목자"라고 일러주었음이라.
선한 목자가 어떻게 그의 양 떼를 인도하는지
너는 또 알게 될 것이니라.

여호와는 나의 목자시니 내게 부족함이 없으리로다
그가 나를 푸른 풀밭에 누이시며
쉴 만한 물가로 인도하시는도다 시 23:1,2

여호와 하나님은 신실하신 하나님이시라.
끝까지 너를 인도하시는 하나님으로
너는 나를 또 만나게 될 것이니라.

여호와의 만남이 네 삶 가운데 또 하나의 추억이 되리니
너와의 추억을 만들어가는 여호와 하나님을 찬양할지니라.

너와 나에게는 추억이 있음이라.
이전 추억보다 더 아름다운 추억들이
너를 기다리고 있음이라.
너와 나의 동행에는 아름다움이 함께함이라.

내 음성을 들어야 때를 분별할 수 있느니라

모든 것에는 때가 있음이라.
모든 것에는 때가 있음이라.
열심히 사역해야 할 때가 있는가 하면
사역을 쉬고 잠잠히 나만 바라봐야 할 때도 있는 것이라.

범사에 기한이 있고 천하 만사가 다 때가 있나니 전 3:1

모든 것에 때가 있는 그대로 행하려면
네게 무엇보다 중요한 것은 나의 음성이 아니겠느냐?
네가 나의 음성을 들어야
언제 일하고 언제 쉬어야 하는지,
그 모든 것을 분별하게 될 것이니라.

내 양은 내 음성을 들으며 나는 그들을 알며
그들은 나를 따르느니라 요 10:27

네가 내 음성에 순종하고자 하면 내 말을 듣게 될 것이니라.
나에게 온전한 순종을 원하면서 내 음성을 듣고자 할 때는
내가 주저함 없이, 망설임 없이 알려주리라.

그러니 너는 하나님의 음성 듣기를, 청종하기를 사모할지니라.
그러면 하나님의 때에 대한 것은 자연스럽게 알게 될 것이라.

하늘의 시민권자가 이 세상을 살아가는 방법

너는 본향이 어디인지 알고 있느냐?
너의 본향은 하늘나라인 것이라.

너는 이 땅에 살고 있지만
이 땅의 세속적인 것들을 따를 이유가 전혀 없는 것은
네가 하늘에 속한 사람이기 때문이라.
너는 땅에 살고 있으나
땅에 속한 자가 아니라 하늘에 속한 자라.

하늘의 시민권을 가진 너는 하늘의 법을 가지고
이 땅에서 살아가는 자인 것을 기억할지니라.

그러나 우리의 시민권은 하늘에 있는지라
거기로부터 구원하는 자 곧 주 예수 그리스도를 기다리노니
빌 3:20

너는 내가 하라는 것만 하면 되는 것이라.

사람들의 눈치를 볼 필요가 전혀 없고,
어디에 가고 무엇을 하든 너는 내가 보낸 사람이며
나의 일을 하는 사람이라는 것을 명심할지니라.
너는 나를 위해서 살고 있음이라.
죽어도 나를 위해 사는 것이고
살아도 나를 위해 살고 있음이라.

우리가 살아도 주를 위하여 살고 죽어도 주를 위하여 죽나니
그러므로 사나 죽으나 우리가 주의 것이로다 롬 14:8

그러니 네게 가장 중요한 것은 내가 뭐라고 말하는가,
바로 여호와 하나님의 음성인 것이라.

그 음성을 듣고 살아갈지니라.
그러면 내가 네 길이 평탄하도록 도와줄 것이니라.
하나님께서 이미 길을 예비하셨음이라.

오직 나의 말에 순종하고
나의 뜻대로 살기 원하는 자들을 위해서
내가 길을 준비하였음을 믿을지니라.
너는 예비된 길을 걷게 되리라.

내가 도와주리니 나의 일을 멈추지 말라

여호와 하나님께서 시작하시는 일들이 있으면
여호와 하나님께서 그 일들을 마치시느니라.

너는 일을 시작할 때 기도하였느냐?
네가 일을 시작할 때
기도하면서 마음에 평강이 있었느냐?
네가 일을 시작할 때 그 일을 하기 위한 즐거움이
네 마음에 있었느냐?

그렇다면 멈추지 말지니라.
절대로 포기하지 말지니라.
네가 그 일을 끝까지 할 수 있도록
하나님께서 도와주시겠음이라.

네 길을 여호와께 맡기라
그를 의지하면 그가 이루시고 시 37:5

네 힘과 능이 아니고
네가 가진 모든 경험도 아니고
네가 지금까지 쌓은 지식도 아닌 것이라.
여호와 하나님께서 도와주시겠음이라.

모든 일이 다 이루어지고 난 후에 네가 할 일은
"하나님께서 하셨습니다"라는 그 말인 것이라.
하나님께서 듣고 싶으신 말이 바로
"하나님께서 하셨습니다"라는 그 말이라.

그러하니 염려하지 말고
하던 일 멈추지 말고
앞으로 계속 나아갈지니라.

여호와 하나님께서 끝까지 도와주실 것이라.
그러한 하나님을 너는 이번에 또 만나게 될 것이라.

네가 옳은 일을 하는 동기를 생각해보렴

사랑하는 내 아들아
사랑하는 내 딸아

오늘도 나는 너와 동행하고 있음이라.

네가 나를 사랑하기 때문에 옳은 일을 하는 사람이면
참으로 좋겠구나.

벌 받을 것이 무서워서 옳은 일을 하는 사람이 아니라
내가 널 사랑하는 것을 깨닫고 그 사랑에 보답하기 위하여
그 사랑에 조금이라도 더 나를 기쁘게 하는 마음이 앞서서
네가 올바른 사람으로 살아갈 수 있다면
그것이 나를 참으로 기쁘게 하는 것이 아니겠니?

사랑하는 나의 딸아
사랑하는 나의 아들아

네가 어떤 잘못을 한다고 해서
내가 아주 급한 마음으로
너에게 화를 내고 벌을 내리겠니?
그렇지 아니함이라.
나는 매사에 너를 경책하는
그렇게 조급한 하나님 아버지가 아니라는 것이다.

그러니 네가 내 안에서 자유함을 누리고,
옳은 일을 하는 것이 네 기쁨이 된다면 참 좋겠구나.

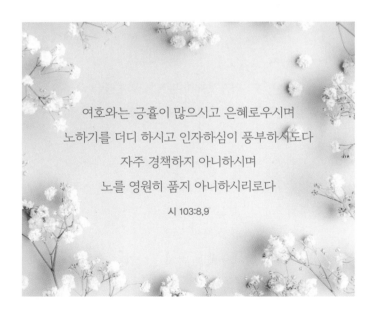

여호와는 긍휼이 많으시고 은혜로우시며
노하기를 더디 하시고 인자하심이 풍부하시도다
자주 경책하지 아니하시며
노를 영원히 품지 아니하시리로다

시 103:8,9

네가 알지 않기로 작정한 것을 지킬지니라

사람들이 너에 관해 말하는 것에
너무 마음을 빼앗기지 않도록 할지니라.

네가 내게 말하지 않았느냐?
"나는 주 예수 그리스도와
그분이 십자가에 못 박혀 죽으신 것 외에는
아무것도 생각하지 않기로 했다"라고 말이다.

내가 너희 중에서
예수 그리스도와 그가 십자가에 못 박히신 것 외에는
아무것도 알지 아니하기로 작정하였음이라 고전 2:2

너의 그 고백을 기억하느냐?
사람들이 네게 거짓된 말과 참소하는 말을 하고
시기, 질투와 같은 말을 했다 할지라도 그것은
'네가 사랑하는 주 예수 그리스도와
그가 너를 위해서 십자가에 못 박혀 돌아가신 것 외에

네가 알지 않기로 작정한 일' 중 하나이니
알지 않기로 작정한 그대로 지킬지니라.

여호와 하나님이 너를 알고 계시니라.
네가 그렇게 다른 사람들이 하는 그 어떤 말로도
여호와 하나님을 사랑하는 너의 마음을
절대로 빼앗기지 않는다면
나도 네게 있는 약한 점들,
또한 네가 수치스럽다고 생각하는 부분들,
부끄러운 모든 부분을 알지 않기로 작정하노라.

네가 알지 않기로 작정한 모든 것으로
하나님의 마음을 기쁘시게 한다면,
나 역시 네가 생각하는 너의 약한 점들
그 어느 것이라도 알지 않기로 작정하노라.

너는 나의 종이라.
너는 사람을 섬기지 아니하고 여호와 하나님을 섬기느니라.
늘 기억할지니라.
너는 사람들의 종이 아니라 여호와 하나님의 종이라는 것을.

생각을 하고 계획도 세울지니라

"사람이 마음으로 자기의 길을 계획할지라도
그 발걸음을 인도하시는 이는 여호와"(잠 16:9)라고 했는데,
계획을 하지도 않고 하나님께서 인도해주시기를
기다리는 사람들이 많이 있노라.

그러나 성경 말씀에 분명히 "사람이 … 계획할지라도"라고
하였듯 사람들은 계획을 한다는 것이라.
네가 계획을 하고, 그 계획을 내가 보고 듣고,
나는 너를 인도하는 하나님이라는 것이라.
아무 계획이 없는 것을 자랑하지 않도록 할지니라.

나는 사람들에게 생각할 수 있는 능력을 주었음이라.
판단할 수 있는 능력을 주었음이라.
분별할 수 있는 능력을 주었음이라.
왜 생각하지 않으려고 하느냐?
생각해볼지니라.

여호와 하나님은 네 생각도 들으시고
네 생각이 올바르기를 원하시고
그 생각을 인도하기를 원하시지,
네가 아무 생각 없이 가만히 있으면서
나를 기다리라는 것은 아닌 것이라.

네게 계획이 있을 때 여호와 하나님이
그 계획이 다르다고도 말씀해주실 수 있는 것이라.

계획 세우는 것을 어렵게 생각하지 말라.
계획을 세울지니라.
세워놓은 계획이
하나님의 시간이 아니고
하나님의 방법이 아니고
하나님의 뜻이 아니라면
내가 인도해줄 것이니라.
나는 네 마음의 중심을 알고 있는 여호와 하나님이라.

보소서 주께서는 중심이 진실함을 원하시오니
내게 지혜를 은밀히 가르치시리이다 시 51:6

너의 능력과 지혜가 무엇인지 아느냐?

여호와 하나님께서 네게 주신 것은
하나님을 바라보는 능력이라.
세상적인 능력이 아니라 나를 바라보는 시선,
그것이 너의 능력인 것이라.

사람들이 네게 저주의 말을 하고
부정적인 이야기를 옮긴다 할지라도
네가 전혀 걱정하지 말아야 할 이유는
그러한 말들은 모두 까닭이 없는 저주임이라.

까닭 없는 저주는 네게 절대로 임하지 않을 것이니,
참새가 날아가는 것처럼 날아가고 없어질 것이기 때문이라.

까닭 없는 저주는 참새가 떠도는 것과
제비가 날아가는 것같이 이루어지지 아니하느니라 잠 26:2

그러니 까닭 없는 저주 때문에
마음을 **빼앗기지** 말고
감정을 **빼앗기지** 말고
시간을 **빼앗기지** 말지니라.

여호와 하나님께서 네게 하신 말씀만
잘 기억하면 되는 것이라.
그것이 너의 지혜인 것이라.
그것이 너의 명철인 것이니라.

동행은 나와 발을 맞추는 것이라

나보다 먼저 앞서가지 말지니라.
나는 네게 나와 함께 동행하자고 했지
나보다 먼저 앞서는 사람이 되라고 말한 적은 없단다.
동행이라 함은 나와 함께 발을 맞추는 것이 아니겠니?
나보다 먼저 앞서가지 말아라.

네 계획이 아무리 선한 것이라 해도
여호와 하나님이 인도하시는 계획이 완전한 계획인 것이라.
세상에 선한 것은 하나도 없는 것이라.
하나님의 뜻이 있는 것이 선하다는 것이지,
선하다는 계획 자체가 선한 것은 아님이라.

나를 앞서가지 말라는 것,
즉 나와 함께하자는 것은
너와 내가 함께 교제하고, 함께 대화를 나누고,
너는 나에게 묻고, 나는 네게 대답하는 것이라.
이것이 동행인 것이라.

사람아 주께서 선한 것이 무엇임을 네게 보이셨나니
여호와께서 네게 구하시는 것은
오직 정의를 행하며 인자를 사랑하며
겸손하게 네 하나님과 함께 행하는 것이 아니냐 미 6:8

너는 나와 함께 발을 맞추어야 하는 것이라.
모든 것엔 때가 있나니 그때는 내가 알려줄 것이니라.
그러나 네가 나와 동행하는 것에 확신이 있다면
네가 내일 일을 몰라도 걱정할 것은 아무것도 없는 것이라.

너는 내일 일을 몰라도
내일 일을 아시는 여호와 하나님을 알고 있음이라.
그것이 중요한 것이라.

너는 내일이 궁금하고
올바른 계획을 세우는 게 중요하겠지만
너의 내일을 완전하게 알고 계신
여호와 하나님과 동행하는 것이
네게 가장 중요하다는 것을
너는 명심해야 할 것이니라.

아무 걱정 말고 오늘도 나와 동행하자

걱정하지 말고 오늘도
내가 네게 명한 모든 말씀을 잘 지켜 행할지니라.

그런즉 너희는 이 언약의 말씀을 지켜 행하라
그리하면 너희가 하는 모든 일이 형통하리라 신 29:9

네가 혼자 지켜 행하는 것이 아니라
여호와 하나님이 너를 도와주실 것이니라.

네가 선행할 수 있도록
네가 용서할 수 있도록
네가 남들을 이해할 수 있도록
네가 남들의 고난을 이해할 수 있도록 도와주실 것이며,

또한 네가 받고 있는 고난에 대해서
좀 더 '올바른' 태도, '감사하는' 태도를 가질 수 있도록
하나님께서 도와주실 것이니라.

그 어느 것도 너로 말미암는 것이 아니니라.
모든 것은 나로 말미암아 시작되었으니
모든 것이 나로 말미암아 이루어질 것이니라.

사랑하는 나의 딸!
사랑하는 나의 아들!

아무것도 걱정하지 말고
여호와 하나님과 오늘도 동행하는
네가 되기를 내가 축복하노라.

나와 가까이하기를 사모하라

사랑하는 나의 아들아.
나는 네게서 멀리 있는 하나님이 아니라
네 가까이 있는 하나님이라.

나를 가까이하고자 하는 자는
내가 가까이하여줄 것이니라.
네게 나를 가까이하고자 하는
사모하는 마음이 필요한 것이다.

여호와께서는 자기에게 간구하는 모든 자
곧 진실하게 간구하는 모든 자에게 가까이하시는도다
시 145:18

나를 가까이하기를 사모하라.
친밀감이 형성되기를 사모할지니라.

내가 너와 함께하고 네가 나와 함께할 때
네 안에 내가 있고 내 안에 네가 있을 때
네 삶에 능력이 나타나는 것이라.

"내 안에 네가, 네 안에 내가" 기억할지니라.

너희가 내 안에 거하고 내 말이 너희 안에 거하면
무엇이든지 원하는 대로 구하라 그리하면 이루리라 요 15:7

가장 참되고 완전한 위로

네게 위로가 필요한 때가 있느냐?
여호와 하나님만이 네게 가장 완전한 위로를
주실 수 있다는 것을 너는 알아야 할 것이니라.

찬송하리로다 그는 우리 주 예수 그리스도의 하나님이시요
자비의 아버지시요 모든 위로의 하나님이시며 고후 1:3

사람들의 칭찬, 인정, 위로 모두 다 필요하고,
너희가 서로 그렇게 살아야 하겠으나,
가장 중요하고 능력이 있는 것은
여호와 하나님으로부터의 위로이니라.

하나님은 너를 알고 계시니라.
너를 완전히 알고 계시니라.

네가 왜 그 일을 했는지,
네가 왜 그 일을 멈추었는지,

네가 왜 그 일을 계속하고 싶어 하는지,
왜 너는 그 일을 하고 싶어 하지 않는지
모든 것을 알고 계시는 하나님이시라.

하나님의 말씀으로 네가 참 위로를 받을 때
그것이 네가 '하나님의 사람'이라는 증거가 될 것이니라.

많은 사람이 위로해도
그 위로가 네게 큰 도움이 되지 않을 때는
하나님만이 네게 주실 수 있는 위로를
하나님이 준비하셨음이라.
'하나님의 사람'은 하나님의 말씀으로 거듭나고
하나님의 말씀으로 위로받고, 하나님의 말씀으로
했던 일을 또 하게 되는 힘을 받게 되는 것이라.

네가 위로받기를 원하느냐?
여호와 하나님으로부터의 위로가
가장 참된 위로라는 것을 너는 명심할지니라.

너의 도움이요 피난처이신 하나님을 믿으라

사랑하는 내 딸아
사랑하는 내 아들아

내가 너를 도와주리라.
네가 환난 날에 부르짖었으니
내가 그 음성을 듣고 너를 도와줄 것이니라.

환난 날에 나를 부르라 내가 너를 건지리니
네가 나를 영화롭게 하리로다 시 50:15

나의 의로운 오른손으로 너를 붙들어줄 것이니라.
내가 너를 굳세게 해줄 것이니라.
내가 너를 참으로 도와줄 것이니라.

두려워하지 말라 내가 너와 함께함이라 놀라지 말라
나는 네 하나님이 됨이라 내가 너를 굳세게 하리라
참으로 너를 도와주리라

참으로 나의 의로운 오른손으로 너를 붙들리라 _{사 41:10}

여호와 하나님은
너를 돕는 방패가 되어주시고
네가 피난 갈 수 있는 피난처가 되어주실 것이니라.
방패요 해가 되시는 여호와 하나님을 너는 믿을지니라.

주는 나의 피난처시오
원수를 피하는 견고한 망대이심이니이다 _{시 61:3}

네게 필요한 것은 믿음이라.
너의 능력이 아니고 너의 믿음인 것이라.
나를 믿을지니라.
내니 안심하라. 나를 믿을지니라.

여호와께서 너를 대신하여 싸워주실 것이고
너를 보호하고 막아주실 것이고
그러한 하나님을 네가 만나게 될 것이니라.

그런 하나님을 만나게 될 것이라는 믿음이
네게 필요한 것이라.

너의 피난처인 내게 와서 쉬어라

사랑하는 내 딸아,
사랑하는 내 아들아!

너는 오늘 무엇으로 그렇게 바쁘냐?
너는 오늘 무엇으로 그렇게 가슴이 답답한 것이냐?

네 짐을 여호와께 맡기라 그가 너를 붙드시고
의인의 요동함을 영원히 허락하지 아니하시리로다 시 55:22

나에게 와서
"하나님 아버지, 나의 피난처가 되어주세요.
저는 쉬고 싶습니다. 저는 숨고 싶습니다.
저를 보호해주세요.
하나님께 피하고자 이 시간에 기도합니다."
이렇게 기도하는 나의 딸, 나의 아들아.
걱정하지 말아라.

내가 너의 피난처가 되어줄 것이다.
나에게 와서 쉼을 갖고
새로운 위로와 감사를 얻어서
다시 세상으로 나가도록 하렴.
내가 네게 피난처가 된단다.

하나님은 우리의 피난처시요 힘이시니
환난 중에 만날 큰 도움이시라 시 46:1

내가 너를 알고 변함없이 사랑하느니라

나는 오늘도 너와 동행하고 있기 때문에 너를 알고 있단다.
내가 너를 안다는 것이 네게 얼마나 큰 위로가 되는지.

여호와여 주께서 나를 살펴보셨으므로 나를 아시나이다
주께서 내가 앉고 일어섬을 아시고
멀리서도 나의 생각을 밝히 아시오며 시 139:1,2

사랑하는 내 딸아,
사랑하는 내 아들아!

내가 너를 알고 있단다.
내가 너를 보고 있단다.
내가 너를 듣고 있단다.

여호와 하나님은 살아계신 하나님이시라.
오늘도 네 삶에 자책할 것이 없다고 고백할 수 있다면
내가 그 고백을 얼마나 즐겁게 듣는지 너는 알고 있느냐?

"하나님 아버지. 저는 자책할 것이 없습니다."
이렇게 말하는 너는 나의 사랑스러운 딸이요
나의 사랑스러운 아들이 아닐 수 없구나.

행여나 네가 자책할 것이 있어서 넘어질 때,
그때도 나는 네게 동일한 여호와 하나님이라.

내게 무슨 악한 행위가 있나 보시고
나를 영원한 길로 인도하소서 시 139:24

너를 사랑하고, 너를 인내하고,
너를 빚어가고, 너를 기다리고,
너를 사랑하는 여호와 하나님이라는 것을
너는 알아야 할지니라.

공의의 하나님, 정의의 하나님, 공평의 하나님,
그런 하나님이지만,
너를 어제나 오늘이나 내일이나
영원토록 변함없이 사랑하는 여호와 하나님,
네가 믿고 따라가는 여호와 하나님이신 것이라.

가까이 다가와 내 말을 들을지니라

너는 나를 가까이하기를 원하느냐?
나는 나를 가까이하고자 하는 자에게
가까이 다가가는 여호와 하나님이라.

내가 이 세상의 모든 사람을 사랑하지만
모든 사람이 다 내 가까이 있는 것은 아니란다.
나는 내게 가까이 오고자 하는 자에게
가까이 가주겠다는 약속을 했음이라.

하나님을 가까이하라
그리하면 너희를 가까이하시리라 ⋯ 약 4:8

사랑하는 딸아
사랑하는 아들아

너는 내 가까이 있기를 원하느냐?
내 가까이 다가올지니라.

146

여호와 하나님과의 친밀감을 사모하는 자가
참으로 이 세상에서 지혜 있는 자이니라.
이 세상의 모든 지혜를 다 모은다 해도
어떻게 하나님의 지혜와 비교할 수가 있겠느냐.

그러하니 네가 나와 함께하고
나에게 더 가까이 다가온다면
남들이 듣지 못하는 하나님의 지혜를
네가 듣게 될 것이니라.

그러니 그러한 지혜를 갖고자 하는 자는
하나님께 더 가까이 나아가고자 하는
그 마음이 변치 않아야 하고,
더 깊어져야 하고, 더 강해져야 하노라.

그러한 사람은 하나님 바로 가까이에서
하나님의 지혜의 말씀을 늘 가깝게 듣게 되는 것이라.

나는 항상 네가 대화하러 오기를 기다린단다

네가 기도하기를 즐거워해서 나는 너무나 좋구나.
기도하기를 즐거워한다는 것은
나와 대화하는 것을 즐거워한다는 것이라.

나와 대화하기를 즐거워하는 내 자녀가
나에게 얼마나 큰 기쁨이 되는지.

나는 항상 그들과 함께 말하고 싶지만,
그들은 어떤 날은 바쁘다고 하고
어떤 날은 우울하다고 하고
어떤 날은 화가 났다고 하며
나와 대화하는 것을 기피한다.

그러나 나는 내 자녀가 그의 상황이 어떠하든
나와 함께 이야기하는 것을 기뻐하노라.

네가 기도하는 시간이 항상 기뻤으면 좋겠구나.
네가 나에게 달려오는 그 시간이
언제나 네게 설렘이 되었으면 좋겠구나.
나는 너를 항상 기다리고 있음이라.

졸지도 않고 주무시지도 아니하는 하나님의 임재가
너와 함께한다는 것을 너는 성경을 통하여 알고 있음이라.

이스라엘을 지키시는 이는 졸지도 아니하시고
주무시지도 아니하시리로다 시 121:4

말씀보다 앞서가지 말라

나는 네가 많은 사람을 배려하는 사람이 되기를 원하노라.
그런데
많은 사람을 배려하는 것은 참으로 좋은 일이지만,
배려가 필요 이상 넘치는 것도
내가 기뻐하는 것은 아니라는 것을 네가 알아야 할 것이라.

나는 다른 사람들도 사랑하지만,
너도 사랑함이라.
네가 넘치게 남들을 배려하느라 지쳐서
탈진하고 어찌할 바를 모르게 되는 것을
내가 기뻐하지 않는다는 것을 알아야 할지니라.

사람이 오 리를 가자고 하면 십 리를 가주는 것은
내가 네게 성경을 통하여 알려준 지혜니라.
그러니 오 리를 가자는 사람에게
백 리를 가줄 필요는 없다는 것을
너는 알아야 할 것이니라.

또 누구든지 너로 억지로 오 리를 가게 하거든
그 사람과 십 리를 동행하고 마 5:41

오 리를 가자는 사람에게는 십 리인 것이라.
너는 때로 오 리를 가자고 말하지도 않은 사람에게
오 리가 아니라 십 리를 가줄 때도 있는데,
하나님의 음성을 먼저 들을지니라.
하나님보다 더 의로워야 할 필요가 없다는 것이라.

네게 옷이 두 벌 있을 때 한 벌을 주는 것이라.
네게 옷 한 벌도 없는데 남에게 꾸어 와서
다른 사람들에게 두 벌씩 주라는 말을 나는 한 적이 없음이라.

… 옷 두 벌 있는 자는 옷 없는 자에게 나눠줄 것이요
먹을 것이 있는 자도 그렇게 할 것이니라 하고 눅 3:11

네가 모든 면에 절제를 배우는 것도 내가 네게 원하는 것이라.
성경에 기록된 말들만 그대로 순종할지니라.
그보다 네가 더 넘치게 할 필요가 없다는 것을
너는 알아야 할 것이니라.

문제와 상황을 뛰어넘어 내 사랑을 기억하라

오늘 네 마음은 무엇으로 가득 차 있느냐?
네 마음은 어떤 생각으로 가득 차 있느냐?

아침에 일어나면서 처음 들어온 생각은 무엇이었느냐?
어젯밤 잠들기 전에 마지막까지 했던 생각은 무엇이었느냐?

나는 너의 생각을 알고 있단다.
나는 네가 가야 할 길에 먼저 가 있고
미리 준비하고 예비하는 너의 하늘 아버지가 됨이라.

내가 사자를 네 앞서 보내어 길에서 너를 보호하여
너를 내가 예비한 곳에 이르게 하리니 출 23:20

아무것도 염려하지 말라는 말이
다시 네 귀와 마음에 들려지기를 내가 원하노라.
네가 걱정하는 것
네가 근심하는 것

네가 두려워하는 것
이 모든 것은 네가 나를 의지하기보다
네 경험이나 환경을 자꾸 보기 때문이라.

네가 어떤 문제에 직면하고 있다 해도
나는 그것을 뛰어넘어서 너를 사랑하는
너무나 커다란 사랑을 너를 향해 갖고 있다는 것을
오늘 또 상기해야 하느니라.

네가 나와 함께라면 못 할 일은 아무것도 없음이라.
내가 너와 함께한다면 해결되지 않을 문제도 없음이라.

나는 창조주, 전지전능의 하나님, 무소부재의 하나님이라.
그 하나님이 너의 하나님 아버지라는 것을 기억하고
오늘도 힘차게 너의 하루를 시작해야 함이라.
나는 살아 있는 하나님이라.

내게 주신 은혜로 말미암아 너희 각 사람에게 말하노니
마땅히 생각할 그 이상의 생각을 품지 말고
오직 하나님께서 각 사람에게 나누어 주신
믿음의 분량대로 지혜롭게 생각하라 롬 12:3

그 시간에 일어나는 일보다 중요한 것

모든 것에 시간이 있나니
모든 것에 시간이 있나니

그 시간이 어떠어떠한 시간이라는 것보다
'네가 나의 말하는 것을 듣느냐 듣지 못하느냐'
그것이 더 중요하다는 것을 너는 알고 있느냐?

내 아들아 내 말에 주의하며
내가 말하는 것에 네 귀를 기울이라 잠 4:20

세상일은 어차피 모든 것이
나의 뜻대로 돌아가게 되어 있음이라.

나는 하나님이라.
여호와 하나님이 하나님의 자리에 좌정하여 계시고,
하나님의 마음으로 하나님의 뜻으로
모든 일을 치리하고 계시나니

좌정하여 다스리는 모든 일은 내게 속한 것인데,
시간도 나의 것인데,
시간에 관해 내가 네게
"그 시간에 어떠한 일이 일어난다"보다는
"그 시간은 네게 이러한 시간이다"라고 말하는 것을
너는 알아듣느냐?
이것이 너와 나 관계의 관건이라는 것이다.

사랑하는 나의 딸
사랑하는 나의 아들

오늘도 내가 네게 원하는 것은 '청종하는 귀'인 것이라.

너희는 너희의 하나님 여호와를 따르며 그를 경외하며
그의 명령을 지키며 그의 목소리를 청종하며
그를 섬기며 그를 의지하며 신 13:4

내 말을 들을지니라.
그리고 움직일지니라.
때로는 잠잠할지니라,
때로는 달려갈지니라,
때로는 뒤로 잠깐 물러갈지니라.

이런 모든 시간의 배정,
네가 어떤 시간에 무엇을 어떻게 해야 하는가는
내가 알려주는 것이지만
너는 내가 그 시간에 관해 말하는 것을 잘 알아듣느냐?

이것이 너의 평생,
네가 내 앞에 오는 그날까지 훈련될 것이니라.

하나님의 음성을 듣지 못하는 이유

사람들은
왜 자기가 하나님의 음성을 듣지 못하는지
궁금해하고 이유를 알고 싶어 한단다.

너는 그들에게 어떠한 답을 주면 좋겠니?
너는 내가 왜 그들에게 나의 음성을
잘 들려주지 않는다고 생각하니?

많은 사람이 나에게 와서
하나님의 뜻이 무엇이냐고 묻고 알려달라고 하는데,
내가 그들에게 알려주지 않은 것은 아니란다.

처음에 그들은
내 음성을 들으면 순종하겠다고 말했지만,
내가 그들에게 알려주면 그들은 듣고 난 다음에
자기 마음에 들지 않는다고 마음을 바꾸곤 하지.

자기가 듣고 싶어 하는 말을 안 들었기 때문에
그들은 순종하고자 하는 마음을 접었다는 것이라.

내가 그들에게 내 음성을 들려주지 않은 것이 아니라
그들에게 내 말을 온전하게 듣고자 하는 마음이
없다는 것을 그들은 알아야 할 것이니라.

하나님은 한 번 말씀하시고 다시 말씀하시되
사람은 관심이 없도다 욥 33:14

사랑하는 딸아,
네가 내 음성을 잘 듣는 이유는
너는 내 음성을 듣고 순종하기를 어려워하지 않기 때문이라.
그래서 내가 너를 사랑하고
너를 나에게 있어 편한 종이라 부르는 것이라.

내 말을 듣고 나서
내 말에 순종할지, 순종하지 않을지를
저울질해보고 결정하는 사람들은
아직은 그들 삶의 온전한 주인이 내가 아니라는 것이라.

나는 그들 삶의 온전한 주인이 되기를 원하는
여호와 하나님이라.

너는 평생
내가 네 삶 가운데 여호와 하나님으로 좌정하여
너를 인도하고,
내가 네게 원하는 말을 자유롭게 하도록 해주는
그런 종이 되어야 할지니라.

너희는 귀를 기울여 내 목소리를 들으라
자세히 내 말을 들으라 사 28:23

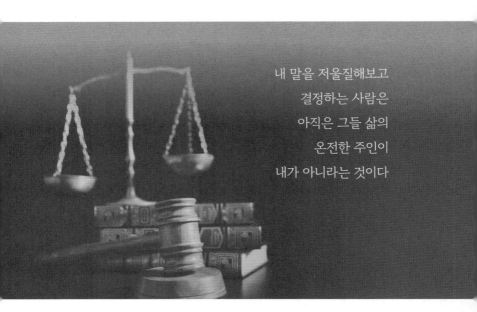

내 말을 저울질해보고
결정하는 사람은
아직은 그들 삶의
온전한 주인이
내가 아니라는 것이다

너를 지으신 하나님께 네 마음을 쏟아놓아라

너의 마음을 내가 알고 있다.
나에게 울부짖으렴.
내게 하고 싶은 말을 모두 다 토로하여라.
나는 너를 창조했고 너를 아는 여호와 하나님인 것을
기억해야 할 것이니라.

여호와는 마음이 상한 자를 가까이하시고
충심으로 통회하는 자를 구원하시는도다 시 34:18

네가 어떠한 상황에 있더라도,
어떠한 말을 하더라도,
어쩌면 네가 말하지 않고
말이 네 혀 속에 있다고 할지라도,

그것까지 이미 알고 있는
너의 창조주 여호와 하나님께
오늘 두 손 들고
"천부여 의지 없어서 내가 나옵니다."
그렇게 나올지어다.

내가 너를 받아주겠고,
너를 이해해주겠고,
너를 보듬어주겠고,
너를 낫게 하여주리라.

이전 일은 지나갔으니 보라 새날이 되었도다

어제 네게 있었던 일들에 대해서
너는 오늘 어떻게 생각하니?
오늘이 '새로운 날'이라는 것에 대해서
너는 어떤 생각을 갖고 있니?

어제 일들이 칭찬스러운 것만 가득했다면
"교만은 패망의 선봉"이 되니
감사는 넘치게 하되
너무 '칭찬받은 자신'을 계속 생각하는 것이
지혜는 아닌 것을 너는 알고 있지?

교만은 패망의 선봉이요
거만한 마음은 넘어짐의 앞잡이니라 잠 16:18

너무 슬펐던 것, 화가 많이 났던 것,
그 모든 것에 대한 자책감 역시
내가 기뻐하는 것이 아니라는 것을 너는 알아야 함이라.

"이전 것은 지나갔으니 보라 새것이 되었도다"(고후 5:17)

네가 구원받기 전의 일만 '이전에 지나간 것'이 아니라
바로 어제 네게 있었던 일들 역시
'이전에 있었던 일'들이라는 것을 기억할지니라.

내가 너를 보면서 기쁘지 않게 여겼던 모든 일은
그 어떤 것이라 할지라도 지나가고
오늘은 '새날'이라는 것을 기억할지니라.

너는 오늘 내가 네게
새로운 마음.
새로운 힘.
새로운 감사.
허락해줄 수 있는 여호와임을 믿고
감사의 고백으로 내게 나올지니라.

이것들이 아침마다 새로우니
주의 성실하심이 크시도소이다 애 3:23

가장 아름다운 순종과 성숙의 열매

너는 내 목소리 듣는 것을 기뻐할지니라.
그리고 내 목소리를 들으면서 순종하는 것은
더더욱 기뻐할지니라.

네가 순종하는 모든 일에 열매를 맺게 될 것이니라.
그 열매는 사람의 눈에는 아름다운 것으로 보이지 않을지라도
네게는 정말로 필요한 열매들일 것이니라.

네게 있어서 가장 아름다운 것은
예수 그리스도의 장성한 분량까지 자라나는
그 성숙이 아니겠느냐.

그 성숙의 열매는 바로
네가 여호와 하나님의 말씀을 순종하고
'이것이 하나님이 하신 말씀이구나' 확신하고
그대로 행했을 때 그 모든 행보 하나하나가
순종의 열매로 이어진다는 것이다.

사랑하는 내 딸
사랑하는 내 아들

아무것도 염려하지 말고
오직 모든 일에 기도와 간구로
네가 필요한 것을 감사함으로 내게 말할지니라.

아무것도 염려하지 말고 다만 모든 일에 기도와 간구로,
너희 구할 것을 감사함으로 하나님께 아뢰라 빌 4:6

나는 네가 하는 모든 일을 관심 있게 보며
너를 축복하기 원하는
선하신 여호와 하나님이라는 것을
너는 오늘도 기억할지니라.

'오직 여호와만'을 앙망하고 있느냐?

사랑하는 나의 딸
사랑하는 나의 아들

모든 것은 시간이 있나니
그리고 그 모든 것의 시간은
하나님 아버지가 작정하시고
선택하시고 인도하시며
너는 그 어느 것보다도
하나님을 바라보는 그 시선이 필요한 것이라.

하나님께서 하시겠음이라.
네가 하나님께만 시선을 집중한다면 그것이 키워드가 되겠지.

"오직 여호와를 앙망하는 자는
새 힘을 얻으리니…"(사 40:31)라는 성경 말씀을
다시 한번 상고하여 보려무나.
너는 나만 앙망하는지.

오직 여호와만 앙망하는 자에게 새 힘이 임할 텐데
너는
나도 앙망하고 다른 신도 앙망하고 너 자신도 앙망하고
너무 복잡하지 않니?

간단하게 하나님에게만 너의 시선을 집중하고
주 여호와 한 분만 앙망하게 되면
네게 임하는 약속의 말씀은 새 힘이라는 것이다.
새 힘이 네게 공급될 것이니라.

네 수고는 헛되지 않으리니 흔들리지 말라

너는 어떤 일을 만나더라도
흔들림이 없는 사람이 될지니라.
여호와 하나님을 섬길 때 옆에서 환경이라든가 사람들이
네가 하나님을 더 열심히 섬기지 못하도록 흔들 때가 있는데,
그때 그 어느 것도 너를 흔들도록 허락하지 말지니라.

모든 일에 더욱더 견실해지고
더더욱 하나님의 일에 힘쓰는 자가 될지니라.
뒤로 물러서고 포기하고 주저앉는 자가 아니라
더더욱 하나님의 일에 힘쓰는 자가 될지니라.

이는 네가 하는 모든 수고가 절대로 헛된 것이 없음을
너는 배워서 알고 있음이라.
헛된 것이 아무것도 없음이라.

주 안에서 하는 수고에 헛된 것이 아무것도 없다 함은
여호와 하나님이 그 수고를 알고 계심이라.

하나님께서 그 수고를 알고 계시매
하나님께서 상을 주실 것이니라.
그 시간을 기다릴지니라.

네게 항상 선택이 있음이라.
흔들리는 것도 너의 선택이고
흔들리지 아니하고 견고한 것도 너의 선택이니라.

딸아.
흔들리지 않는 것을 항상 선택할지니라.
너의 수고가 헛된 것이 아무것도 없음이라.

그러므로 내 사랑하는 형제들아
견실하며 흔들리지 말고
항상 주의 일에 더욱 힘쓰는 자들이 되라
이는 너희 수고가 주 안에서
헛되지 않은 줄 앎이라 고전 15:58

매일 가장 우선순위가 되어야 할 기도

너는 매일 무엇을 가장 중요하게 생각하면서
그것에 '기도의 우선순위'를 두고 살아가느냐?

너는 매일같이 나의 도움이 필요한 것은 알고 있음이라.
너는 매일 지혜가 필요하고
결정할 때 단호한 마음도 필요하고
위로도 필요하고 모든 일에 나의 도움이 필요함이라.

그래서 무슨 일을 하든 '성령 충만'의 기도가 필요한 것이라.
이 기도를 매일 우선순위로 한다면
네 삶은 모든 일에 나의 인도함을 받게 되어 있단다.
성령 충만을 매일 네 기도의 삶에 우선순위로 세워두렴.

내가 이르노니 너희는 성령을 따라 행하라
그리하면 육체의 욕심을 이루지 아니하리라 갈 5:16

무슨 일을 하든 하나님에게서 시선을 떼지 말라

네가 하는 모든 일에
너의 여호와 하나님이 동행하고 계신 것을
너는 늘 잊지 말라.

그러하니 네가 나와 함께하지 않은 일은
아무것도 없음이라.
너의 여호와 하나님이 네게 생각을 주었고,
그 생각대로 일할 수 있도록 지혜를 주었고,
그 지혜대로 행할 수 있도록 필요한 사람들을 붙여주었고,
만나게 하였고, 네가 기도로 도움을 받게 하였노라.

그러하니 매사에 주 예수 그리스도
너의 하나님 한 분만을 집중하여 바라보고
네 시선을 하나님께 집중하는 것을 잊지 말라.
그것이 네가 행하는 모든 일에 성공이 되는 열쇠인 것이라.
예수 그리스도께 너의 시선을 집중할지니라.

믿음의 주요 또 온전하게 하시는 이인 예수를 바라보자
그는 그 앞에 있는 기쁨을 위하여 십자가를 참으사
부끄러움을 개의치 아니하시더니
하나님 보좌 우편에 앉으셨느니라 히 12:2

여호와 하나님께서 너를 절대로 홀대하지 아니하실 것이며,
네가 어느 곳에 가더라도 존귀하게 여김을 받도록
너를 도와주실 것이니라.

사람을 세우는 일은 나 여호와에게 있음이라.
내가 사람을 세우기도 하고 낮추기도 하는 것이라.

여호와는 가난하게도 하시고 부하게도 하시며
낮추기도 하시고 높이기도 하시는도다 삼상 2:7

내가 너를 세우리라.
네가 나에게 시선을 떼지 않는 한
네가 홀대받을 일이 없을 것이니라.
네가 존귀하게 여김을 받도록
너의 여호와 하나님께서 그렇게 도와주실 것이니라.

나를 바라보고 믿고 기다리는 것이 사역이라

하나님을 사랑하고자 하는 마음
하나님을 섬기고자 하는 마음

절대로 그 마음이 흔들리지 말지니라.
그리고 그 누구도 그 무엇으로도
흔들리게끔 허락하지 말지니라.

이것은 너의 선택이 되는 것이라.
너는 매일같이 선택하면서 살아가는 것이라.

흔들리는 것도 너의 선택이오
그 어느 것으로도 네가 흔들리지 않게 하는 것도
너의 선택인 것이라.

내가 나의 완전함에 행하였사오며
흔들리지 아니하고 여호와를 의지하였사오니
여호와여 나를 판단하소서 시 26:1

흔들리지 말지니라.
너는 나의 종이라.
사람의 종이 아니고 나의 종이라.
흔들리지 말지니라.

그리고 하나님을 향하여
사모하는 마음으로 나아가도록 할지니라.

사역이 없다 할지라도
나를 바라보는 것이 사역이라.
나를 믿는 것이 사역인 것이라.

너는 나를 믿느냐?
너는 나를 바라보느냐?
너는 나를 사모하느냐?

특별히 마지막 날을 너는 사모하느냐?
마지막 날을 사모하면서
예쁘게, 또한 정결하게 단장한 신부처럼
나를 기다릴지니라.
기다림도 사역인 것이라.

사랑하는 나의 딸, 사랑하는 나의 아들!

너는 오늘도 혼자가 아니라는 것을 명심하고
나와 함께 동행할 것이요,
나를 더더욱 사모할 것이요,
나를 더욱 믿을지니라.

3부

내게
너의 믿음을
보여줄지니라

뒤로 물러가지 말고 내 앞으로 더 나아오라

너는 침륜에 빠질 자가 아니라.
너는 뒤로 물러가서 침륜에 빠질 자가 아니고
앞으로 나아갈 자인 것이라.

우리는 뒤로 물러가 멸망할(침륜에 빠질, 개역한글) 자가 아니요
오직 영혼을 구원함에 이르는 믿음을 가진 자니라 히 10:39

너는 많은 사람이 내게 돌아올 수 있도록
그들을 인도하는 사람이 될 것이니라.

그리하니 뒤로 물러서는 것을
생각하지 말고 계획하지 말라.
하나님께서 너는 침륜에 빠질 자가 아니라고
말씀하신 것을 기억했으면 좋겠구나.

많은 사람이 너를 통하여
나 여호와 하나님을 알게 될 것이니라.

나 여호와 하나님께 더 가까이 나아가고자
사모하는 마음을 갖게 될 것이니라.

그러니 너는 일어나 빛을 발하는 자가 될지니라.
사람들은 너를 통하여
여호와 하나님을 꼭 만나게 될 것이니라.

일어나라 빛을 발하라 이는 네 빛이 이르렀고
여호와의 영광이 네 위에 임하였음이니라 사 60:1

잠잠히 너의 하나님을 의지하라

잠잠하라. 잠잠하라.
여호와 앞에서 잠잠할지니라.

잠잠하라, 내가 네 하나님 됨을 알라.
내가 너의 하나님이 됨이라.
내가 너의 하나님이 됨이라.

세상 방백들을 의지하지 말라(시 146:3).
그들은 네가 의지할 대상이 아니라 사랑할 대상이라고
내가 네게 누누이 말해주었음이라.
사람들은 기대할 대상이 아니고 사랑할 대상이라는 것이라.

여호와 하나님께서 모든 것을 주관하고 계시니라.
모든 것은 내가 주관하고 있음이라.
내가 다스리고 있음이라.
모든 것은 여호와 하나님의 영역 안에 있음이라.
나는 모든 것을 보고, 모든 것을 듣고 있는 하나님이라.

여호와 하나님이 모든 것을 보고 계신다면
네가 두려워할 것이 무엇이 있겠느냐?
모든 사람의 마음을 알고 계시는 하나님이
너의 마음을 아시느니라.
네가 여호와 하나님 앞에서 자책할 것이 없을 때
네게 두려울 것은 아무것도 없음이라.

하나님이여 나를 살피사 내 마음을 아시며
나를 시험하사 내 뜻을 아옵소서 시 139:23

힘써 노력하라.
하나님 앞에서 아무것도 자책할 것이 없는 사람으로
찾음 되기를 힘쓸지니라.

여호와 하나님은 하나님 앞에서 정직하게 행하는
모든 사람에게 좋은 것을 아끼지 아니하시느니라(시 84:11).

너의 범사가 형통할 것이니라.
그것은 네가 하나님 한 분만을 의지할 때 가능한 일인 것이라.
나를 의지하는 것을 오늘도 잊지 말지니라.

내가 너를 돕고 있으니 강하고 담대하라

너는 왜 갑자기 용기가 없어졌느냐?
너는 왜 갑자기 낙망하고 싶어졌느냐?

여호와 하나님이 너를 지금도 도와주고 계심이라.
처음부터 너를 도와주신 하나님은
지금도 너를 도와주고 계심이라.

이는 나 여호와 너의 하나님이 네 오른손을 붙들고
네게 이르기를 두려워하지 말라
내가 너를 도우리라 할 것임이니라 사 41:13

너는 주저앉지 않을 것이니라.
여호와 하나님이 너를 세워주실 것이니라.

너는 또 일어나게 될 것이고,
너는 또 하나님의 일을 하게 될 것이니라.

나는 네가 내 일을 행하는 것을 기뻐하고 있음이라.
네가 나의 힘을 가지고 내 일을 하고 있으니
더더욱 나를 기쁘게 하고 있음이라.

마귀에게 속지 말지니라.
참소하는 영에게 네 마음을 주지 말지니라.
네 귀를 내어주지 말지니라.
참소하는 영들은 모두 나중에 지옥으로 빠져들 것이니,
너는 그들이 하는 말에 마음을 쓸 필요가 전혀 없음이라.

여호와 하나님이 너의 귀를 지켜주실 것이니라.
너의 입술을 지켜주실 것이니라.

너는 강하고 담대하라.
여호와 하나님께서 네게 허락하신 일들이니,
너는 끝까지 이 모든 일을 행하게 될 것이니라.

하나님의 도우심을 확신하고 모든 것을 맡겨라

강하고 담대할지니라.
강하고 담대할지니라.

내가 네게 맡긴 것이 아니냐.
내가 네게 명령한 것이 아니더냐.
네가 나의 음성을 듣지 아니하였더냐.

내가 네게 명령한 것이 아니냐
강하고 담대하라 두려워하지 말며 놀라지 말라
네가 어디로 가든지 네 하나님 여호와가 너와 함께하느니라 수 1:9

네가 나의 음성을 듣고 행하는 모든 것,
거기에 확신이 있다면 너는 그 일을 끝까지 해낼 수 있도록
하나님께서 도와주신다는 그 말씀도 마음에 새겨야 할지니라.

내가 도와줄 것이니라.
네가 혼자 하는 것이 아니라 내가 도와줄 것이니라.

그런 하나님을 너는 이미 경험했음이라.
이미 네가 알고 있는 하나님이
한결같이 너를 도와주실 것이니라.

어제나 오늘이나 내일이나 동일하게
너를 사랑해주시고 인도하실 하나님을 오늘도 믿고
그분에게 모든 것을 맡길지니라.
네 마음속에 평강이 있을 것이니라.

너를 책임지는 것은 하나님 아버지의 즐거움이라

너는 내 것이라.
내가 너를 지명하여 불렀나니 너는 내 것이라.

야곱아 너를 창조하신 여호와께서 지금 말씀하시느니라
이스라엘아 너를 지으신 이가 말씀하시느니라
너는 두려워하지 말라 내가 너를 구속하였고
내가 너를 지명하여 불렀나니 너는 내 것이라 사 43:1

내가 너의 모든 것을 책임지리라.
나는 너의 하나님 아버지가 됨이라.
어느 아버지가 자녀의 모든 것을
책임지려 하지 아니하겠느냐.

너의 모든 것을 책임지는 것은 나의 즐거움이라.
나에게 맡길지니라.
네게 짐처럼 여겨지는 것은
짐이 아니라 힘이라는 것을 알아야 할 것이니라.

이 어려운 시간에 네가 나를 알고 있고
나를 "여호와 하나님 아버지",
"하늘에 계신 아버지"라고
부르짖고 있으매
하나님께서 네 기도를 응답해주실 것이라.
너는 내가 너의 아버지라는 것을
또 한 번 알게 될 것이니라.

그러므로 너희는 이렇게 기도하라
하늘에 계신 우리 아버지여
이름이 거룩히 여김을 받으시오며 마 6:9

나는 너의 아버지라.
하늘에 계신 너의 아버지라.

너의 모든 것을 알며
너의 모든 것을 책임질 여호와 하나님은
너를 사랑하시는,
하늘에 계신 선한 아버지이시니
그러한 나를 믿을지니라.

네 계획이 하나님께 영광이 되기를 원하느냐?

네 마음에 여러 가지 계획이 있겠지만,
사람이 계획을 세울지라도
그 발걸음을 인도하시는 이는
여호와 하나님이라는 것을 늘 명심할지니라.

사람이 마음으로 자기의 길을 계획할지라도
그의 걸음을 인도하시는 이는 여호와시니라 잠 16:9

네 계획이 선하지 않다는 것이 아니다.
그러나 너의 그 어떤 계획보다
네가 하나님의 얼굴을 찾을 때 하나님께서
하나님이 기뻐하시는 계획을 네게 알려주신다는 것이다.

너는 마음속에 어떠한 계획을 세우든
내게 영광이 되는 계획을 세우기를 원치 않았더냐?
그런 마음으로 드리는 기도의 제목을 하나님이 기뻐하심이라.

내가 기뻐함으로 인도할 것이라.
내가 응답할 것이니라.
그리하니 나 여호와가 허락하는 계획을 기다릴지니라.

때로는 기다리는 것도 하나님의 뜻이라.
그러니 조급한 마음을 갖지 말고 하나님을 기다리라.

하나님은 반드시 너를
그가 원하는 길로 인도하시리니,
그 하나님을 너는 만나게 될 것이니라.
그런 하나님을 만나는 것이 너의 간증이 되는 것이라.

조급하게 마음먹지 말고 하나님의 계획을 기다리라.
하나님이 알려주시겠음이라.

하나님의 시간이 차기까지 네가 할 일

모든 것에는 하나님의 시간이 있느니라.

하나님을 아는 것도 중요하고
하나님의 뜻을 아는 것도 중요하지만
하나님의 시간을 아는 것은 더 중요하다는 것을
너는 알고 있음이라.

하나님의 시간이라는 것은
네가 하나님 앞에서, 하나님의 임재 앞에서
기다리는 그 시간을 말하는 것이라.

그 시간이 다 차게 되면
하나님은 하나님의 뜻을 행하실 것이고
너는 '행하시는' 하나님을 만나게 될 것이니라.

네가 하는 모든 일은 나를 위한 것이니,
살아도 나를 위해서 하는 것이고,
죽어도 나를 위해 죽는 것이라.
그 마음이 변치 않는 네가 되기를 내가 원하노라.

내 안에 네가, 네 안에 내가.
우리가 하나 되는 것이 여호와 하나님,
너의 하나님이 가장 바라시는 것이라.
네가 내 안에, 내가 네 안에.

아버지여, 아버지께서 내 안에, 내가 아버지 안에 있는 것같이
그들도 다 하나가 되어 우리 안에 있게 하사 … 요 17:21

네가 먼저 변화되고 믿음을 가질지니라

사랑하는 딸아, 나를 믿을지니라.
너는 왜 네 능력을 믿고 네 기도를 믿느냐?
나를 믿을지니라.

너는 기도를 하지만 기도와 함께 걱정도 하고 있으니
내가 하라는 대로 하지 않는 기도가 응답될 리는 없는 것이라.
너는 왜 그렇게 걱정도 많고 근심도 많고 울음도 많으냐?

너는 내가 기쁘냐?
여호와 하나님이 너는 기쁘냐?
여호와 하나님이 네게 기쁨이 된다면
하나님을 기뻐하는 것이 너의 힘이 될 것이니라.

… 여호와로 인하여 기뻐하는 것이 너희의 힘이니라 느 8:10

환경을 바라보지 말고 나를 바라보는 것을 훈련할지니라.
여호와께서 다스려줄 것이니라.

나에게 능력이 있음이라.
네가 그 능력을 믿지 않는 것이지, 내게는 능력이 있음이라.

딸아,
그 누군가가 변화되기를 기도하기 이전에
네가 변화돼야 할 것이니라.
너는 믿음이 없으면서
왜 그 누군가가 믿음을 갖게 해달라고 기도를 하느냐?
너는 믿음이 있느냐?
내 앞에서 너의 믿음을 보여줄지니라.
내 앞에서 믿음이 있는 자가 될지니라.

믿음이 없는 자가 되어서 원망하고 속상해하고
억울해하고 한탄하는 자가 되지 말고,
믿음이 있는 자가 되어서
소망을 가지고 하나님 앞에 잠잠히 기다릴 줄 알며
하나님이 행하실 것에 대한 기대감을 가지고
감사하러 나오는 자가 될지니라.

그의 영광의 힘을 따라 모든 능력으로 능하게 하시며
기쁨으로 모든 견딤과 오래 참음에 이르게 하시고 골 1:11

사람과 환경보다 네 마음을 돌아보아라

사랑하는 딸아,
너는 왜 그렇게 걱정이 많으냐?
너는 자녀를 위한 걱정뿐만 아니라
다른 걱정도 많이 있지 않으냐?

너는 신앙생활을 오래 한 사람이로다.
하나님을 모르는 자가 아니고 하나님을 아는 자인데
왜 그렇게 기도에 대한 확신이 없느냐?
네 기도를 하나님이 들으신다는 그 자신감이 왜 없느냐?

딸아.
네 자녀가 잘되고 네 주위 사람들이 다 잘되는 것보다
먼저 네가 하나님과 얼마만큼 가깝게 지내고 있는가를
기도할지니라.

너는 하나님과 친밀하기를 원하느냐?
진실로 원하느냐?

네가 진심으로 나를 가까이하고자 하는 마음,
사모하는 마음으로 나를 찾는지

아니면
네 삶에 편하고 좋은 것,
너를 안위하는 것들,
남들과 비교해서 그야말로 기울지 않는 것,
그런 것들을 사모해서 기도하는지

네 마음을 한번 돌아볼지니라.
주위 환경이 아니라 네 마음을 돌아볼지니라.

하나님을 가까이하라
그리하면 너희를 가까이하시리라
죄인들아 손을 깨끗이 하라
두 마음을 품은 자들아 마음을 성결하게 하라 약 4:8

기도에 능력이 없는 이유

아무것도 염려하지 말고 다만 모든 일에 기도와 간구로,
너희 구할 것을 감사함으로 하나님께 아뢰라 빌 4:6

기도할 때 아무것도 염려하지 말고 기도하라는
나의 음성을 너는 들었음이라.
너는 그 음성을 참으로 자주 들었음이라.

기도할 때
능력이 있는 사람과 능력이 없는 사람의 큰 차이는
내가 하라는 대로 기도하는 것과
내가 하라는 대로 기도하지 않는 것에서 크게 나뉘는 것이라.
내가 하라고 한 기도는
걱정하지 않고, 아무것도 염려하지 않고 하는 기도인 것이라.

많은 사람이 많은 기도를 하지만,
걱정, 염려와 함께 기도하기 때문에
그들의 기도에 능력이 없음이라.

사랑하는 딸아
사랑하는 아들아

너는 기도할 때 아무것도 염려하지 말고 기도하라는
나의 명령을 꼭 기억할지니라.
여호와 하나님이 너의 기도를 듣고 계심이라.

환난을 걱정하고 두려워하느냐?

환난 날을 걱정하지 말지니라.
'나에게 환난이 오면 어떻게 하나'
그런 걱정도 하지 말지니라.

네가 환난 당할 때가 되면
너의 여호와 하나님이 알아서 알려주실 것이고,
환난을 당하게 되더라도
네가 감당하지 못할 환난은 내가 허락하지 않을 것이라.

네가 감당하지 못할 것 같으면
내가 피할 길을 미리 준비해줄 것이니라.

사람이 감당할 시험 밖에는 너희가 당한 것이 없나니
오직 하나님은 미쁘사 너희가 감당하지 못할 시험 당함을
허락하지 아니하시고 시험 당할 즈음에 또한 피할 길을 내사
너희로 능히 감당하게 하시느니라 고전 10:13

그러니 '나에게 환난이 임하면 어떡하나'
지레 걱정하는 것은
하나님을 기쁘게 하는 생각이 아닌 것이라.

환난은 내가 준다 할지라도
모두 너를 위함이라.
너를 위함이라.

네가 환난을 만나게 되면
여호와 하나님께서 너를 위하여
미리 계획해주시고, 준비해주시고,
이겨낼 힘도 이미 준비하셨다는 것을
기억하면 되겠음이라.

그렇게 내가 너를 예비하였고
지금도 너를 그렇게 훈련시키고 있음이라.
훈련받는 과정을 절대로
어려워하거나 버거워하지 말지니라.
여호와 하나님께서 끝까지 너를 도와주시고,
네가 절대로 중간에 포기하지 않도록
붙들어주실 것이니라.

눈에 보이는 열매, 보이지 않는 열매

네가 사역에서 또는 네 삶에서
열매로 맺어진 것들을 보는 것이 기쁘겠지만
그보다 더 중요한 게 있단다.

나를 기쁘게 하는 것은 '믿음'이라고
내가 말하지 않았니?
"믿음이 없이는 하나님을 기쁘시게 못 하나니…"

믿음이 없이는 하나님을 기쁘시게 하지 못하나니
하나님께 나아가는 자는 반드시 그가 계신 것과
또한 그가 자기를 찾는 자들에게 상 주시는 이심을
믿어야 할지니라 히 11:6

열매를 보면서 기쁜 것도 중요하겠지만
열매 맺은 것이 없어 보여도
네게 '믿음'으로 행한 것들이 있다면
그것은 네가 눈에 보이는 열매를 맺은 것보다
더 중요하단다.

열매는 너를 기쁘게 할 수 있었겠지만
열매를 볼 수 없었어도
네가 믿음으로 행한 모든 일은
여호와 하나님 나를 기쁘게 한 것이니까 말이다.

네 삶은 너의 기쁨을 위한 것이 아니라
나를 기쁘게 하는 것이라고 네가 고백하지 않았니?

그러니 때로는 내가 너를 위로하려고
열매를 네게 보여줄 때가 있으나
열매가 없어도 믿음으로 행한 너의 모든 일은
나를 기쁘게 했다는 것을 잊지 않도록 하렴.

네게 지극히 작은 자에게 선을 베풀어라

작은 소자에게 냉수 한 그릇을 주는 일도
곧 나에게 하는 것이라고 너는 배워서 알고 있음이라.

또 누구든지 제자의 이름으로 이 작은 자 중 하나에게
냉수 한 그릇이라도 주는 자는 내가 진실로 너희에게 이르노니
그 사람이 결단코 상을 잃지 아니하리라 하시니라 마 10:42

네게 지극히 작은 자는 누구인지 생각해본 적이 있느냐?
너를 도와주는 사람이 네게 지극히 작은 자이겠느냐?
너를 칭찬해주는 사람이 네게 지극히 작은 자이겠느냐?
누가 네게 지극히 작은 자가 되겠느냐?

네게 아무 도움을 줄 수 없는 사람,
네게 영향력을 갖지 못하는 사람,
네 필요를 채워줄 수 없는 사람,
네게 아무 도움이 되지 않는다고 생각되는 사람,
그런 사람들이 네게 지극히 작은 자가 아니겠느냐?

그런 자들을 돌아보라는 것이라.

네가 필요한 게 있어서 뭔가를 베푸는 게 아니라
네게 아무런 도움을 주지 못하는
지극히 작은 자에게 선을 베푸는 것이 곧
네가 사랑하고 네 삶의 주인이 되시는
주 예수 그리스도를 대하는 것과
마찬가지라는 것을 기억할지니라.

고마움을 모르는 사람 때문에 섭섭할 때

선행을 하다가 낙심될 때가 있느냐?
사람들이 고맙다고 말하지 않아서
마음이 섭섭할 때가 있느냐?

그러할 때 아무것도 염려하지 말라.
성경 말씀을 상고하여 볼지니라.

사람들이 네게 갚아주지 않을 때
감사하다는 말로 네게 다가오지 않을 때
아무것도 염려하지 말아야 할 것은
그러한 모든 것은 의인의 부활 때
네게 갚음이 될 것이기 때문이라.

그리하면 그들이 갚을 것이 없으므로
네게 복이 되리니
이는 의인들의 부활 시에
네가 갚음을 받겠음이라 하시더라 눅 14:14

의인의 부활을 네가 믿느냐?
그러하다면, 네게 갚지 않은 너의 모든 선행은
의인의 부활 때 네게 갚음이 될 것을 믿어야 할지니라.

여호와 하나님이 너를 보셨음이라.
네가 하는 모든 일을 알고 계시니라.
그러한 하나님이 네게 상을 베풀지 아니하시겠느냐?

그러니 사람들이 네게 고마운 마음으로 갚아주지 않을 때
절대로 염려하지 말고 의인의 부활 날을 기대할지니라.
그날에 모든 것이 네게 갚음이 될 것이니라.

사람을 기대하지 말고 하나님만 앙망할지니라

사랑하는 딸아,
네 마음에 평강이 있음이라.
이 평강은 하나님이 주시는 평강이라.

사람을 의지하지 말라.
사람은 기대할 대상이 아니라
사랑할 대상이라는 것을
내가 네게 누누이 가르쳤음이라.
그것을 잊지 말지니라.

네가 그것을 잊을 만하면 여호와 하나님이
또 네게 상기시켜주고 있음이라.
기대하지 말라. 기대하지 말라.
하나님 한 분만 기대할지니라.
모든 좋은 것은 하나님으로부터 나는 것이라.
하나님께서 너를 도와주실 것이니라.

사람의 방법이 아니고,
사람의 지혜나 경험이 아니라
하나님의 방법으로
너를 다스려주시고,
너를 인도해주시고,
"하나님이시구나"라고 확실하게 알 수 있도록
하나님의 사랑이 네 피부에 와닿게 하시고
하나님께서 너를 직접 가르쳐주실 것이니라.
그러한 하나님을 네가 이번에 만나게 될 것이니라.

하나님을 의지하라.
사람을 의지하지 말라.
하나님만 의지할지니라.
오직 여호와만 앙망하는 자에게는
새 힘이 하나님으로부터 공급되게 되어 있음이라.

오직 여호와를 앙망하는 자는 새 힘을 얻으리니
독수리가 날개치며 올라감 같을 것이요
달음박질하여도 곤비하지 아니하겠고
걸어가도 피곤하지 아니하리로다 사 40:31

나의 자녀들을 선하게 대해주어라

선을 행할 때 절대로 피곤해하지 말라.
선행은 내가 기뻐하는 일인 것이라.

오직 선을 행함과 서로 나누어 주기를 잊지 말라
하나님은 이같은 제사를 기뻐하시느니라 히 13:16

너는 평소에
"저는 하나님의 기쁨이 되고 싶습니다"라고
기도하지 않았느냐?
내가 네게 가르쳐주노니 네가 선행을 할 때
여호와 하나님이 기뻐하신다는 것을 너는 알아야 할지니라.

나는 나의 백성들을 사랑함이라.
내가 창조한 나의 모든 아들딸을 사랑함이라.
그러니 내가 사랑하는 나의 아들딸에게
선한 일을 하는 것이
왜 나를 기쁘게 하는 일이 아니겠느냐?

내가 기뻐하기를 원하느냐?
그렇다면
내가 창조한 나의 아들딸을 선하게 대하는 것이
네 삶 가운데 익숙한 일이 되도록 노력할지니라.
여호와 하나님이 너의 선행을 보면서 기뻐하심이라.

오직 선을 행함과 서로 나누어 주기를 잊지 말라
하나님은 이같은 제사를 기뻐하시느니라 히 13:16

판단하지 말고 사람을 세워주어라

사람들이 다른 사람에 관하여 이야기하기를
즐겨한다는 것을 너는 알고 있음이라.
그래서 남의 말 하는 것을 마치 별미와 같이 여긴다고
성경에 표현되어 있음이라.

남의 말 하기를 좋아하는 자의 말은 별식과 같아서
뱃속 깊은 데로 내려가느니라 잠 26:22

다른 사람들을 판단하고 정죄하는 말을
절대로 즐겨 하지 말라.
하나님께서 기뻐하지 않으시느니라.

비판하지 말라 그리하면 너희가 비판을 받지 않을 것이요
정죄하지 말라 그리하면 너희가 정죄를 받지 않을 것이요
용서하라 그리하면 너희가 용서를 받을 것이요 눅 6:37

사람들을 판단하는 것은 여호와 하나님께 속한 권한이라.

네게 속한 것이 아니고
내가 만든 피조물들에 속한 것이 아니고,
창조주인 나에게 속한 내 권한인 것이라.
그러니 너는 내 권한을 침범하는 죄를
범하지 않도록 할지니라.

입법자와 재판관은 오직 한 분이시니
능히 구원하기도 하시며 멸하기도 하시느니라
너는 누구이기에 이웃을 판단하느냐 약 4:12

네가 할 일은
사람들을 심판하거나 정죄하거나 판단하는 것이 아니라
그들을 세워주는 것이니 이는 내가 기뻐하는 일이라.
너는 어떻게 하면 하나님을 기쁘시게 할 수 있을까를
나에게 늘 물어보았으니, 내가 오늘 또 네게 가르쳐주느니라.

나의 피조물이요 내 사랑하는 아들딸을
세워주는 일을 하는 너를 볼 때 나는 기뻐함이라.
너는 나의 기쁨이 되기를 원하느냐?
이웃을 어떻게 하면 세워줄 수 있을까
그것을 생각할지니라.

복음과 영혼 구원의 통로로 쓰임 받을지니라

하나님의 선한 뜻, 기쁘신 뜻,
그리고 온전한 뜻이 무엇인가 분별하라는 말씀을
너는 기억하고 있을 것이니라.

너희는 이 세대를 본받지 말고
오직 마음을 새롭게 함으로 변화를 받아
하나님의 선하시고 기뻐하시고 온전하신 뜻이 무엇인지
분별하도록 하라 롬 12:2

네 삶에 선한 뜻이 간과될 때 조바심을 갖지 말라.
여호와 하나님은 너를 향한 기쁘신 뜻 때문에
선한 뜻을 간과시켰다는 것을 기억할지니라.

네게 있는 기쁜 뜻조차도 간과된다면
그때 역시 너는 실망하지 말지니라.
여호와 하나님의 온전한 뜻이 너를 기다리고 있음이라.

그 온전한 뜻은 항상 사람들을 구원하는
'영혼 구원의 통로'가 되는 것과 관계있다는 것을
너는 이미 알고 있음이라.

네 삶 가운데 선한 것이 지나가고 기쁜 것도 지나갈 때
한 영혼이 하나님을 만나게 되는 복음의 통로로
네가 사용 받고 있다는 것을 기억할지니라.
그것이 여호와 하나님의 온전한 뜻이니라.

네 인생에 일어나는 모든 일 가운데 가장 온전한 뜻은
'영혼 구원의 통로'가 되는 길이라.
네 삶에 이처럼 보람된 것이 또 있겠느냐?

이 세상에 가장 귀한 것은
한 영혼이 여호와 하나님께로 돌아오는 것이라.
그러니 네 삶 가운데
여호와 하나님이 너로 하여금
'복음의 통로'로 사용 받게 하는 그것이
가장 보람된 일이라는 것을 또한 기억할지니라.

하나님을 향한 기대와 네 믿음이 어디 갔느냐?

사랑하는 아들아.
너는 아무것도 잃은 것이 없음이라.
네게는 나의 기름 부으심이 있음이라.
이 기름 부으심을 네가 잃지 않았는데,
너는 무엇 때문에 그렇게 마음 답답해하고 억울해하느냐?

너는 억울해할 것이 아무것도 없는 것이라.
내가 너를 사용하고 있는 것이라.
고난이 네게 유익이 될 것이니,
네가 나의 율례를 배우고,
나에게 더욱더 순종하는,
하나님이 기뻐하시는 종이 될 것이니라.

그렇게 여호와 하나님이 너를 단련시키고 계심이라.
정금같이 나오리라. 정금같이 나오리라.
정금같이 나오는 시간을 기대해볼 것이니라.
상상해볼 것이니라.

그러나 내가 가는 길을 그가 아시나니
그가 나를 단련하신 후에는
내가 순금같이 되어 나오리라 욥 23:10

전쟁에 이긴 전리품이
이루 말할 수 없이 너를 따라올 것이라.
그런 하나님을 기대할지니라.

왜 너는 하나님을 향하여 기대함이 없느냐?
너의 억울함만 하나님께 계속 호소하고
하나님을 향한 기대감이 어디 갔느냐?
너의 믿음이 어디 있느냐?

아들아.
하나님께 너의 믿음을 보여드릴지니라.
여호와 하나님께서 네 믿음을 보기 원하시고
그 믿음을 보실 때 그 믿음의 열매를 네가 맺게 될 것이니라.
여호와 하나님이 너를 보고 계심이라.
너를 연단하고 계심이라.

네가 이 시험에서 꼭 이겨야만 할 것이니라.
이것이 지나갈 것이니라.
그냥 지나갈 것이 아니라
여호와 하나님의 계획 가운데서
아름답게 종식될 것이니라.

나를 기대하라.
여호와를 기대할지니라.

너희 믿음의 확실함은
불로 연단하여도 없어질 금보다 더 귀하여
예수 그리스도께서 나타나실 때에
칭찬과 영광과 존귀를 얻게 할 것이니라 벧전 1:7

일도 힘든데 왜 걱정까지 하느냐?

사랑하는 내 딸아
사랑하는 내 아들아

용기를 가지라. 용기를 가지라.
담대할지니라. 걱정하지 말지니라.

일이 너무나 힘이 드는데
걱정까지 하게 되면 얼마나 더 힘들겠니?
걱정은 하지 않는 것이 네게 힘을 더 실어주지 않겠니?

걱정하지 말라. 두려워하지 말라.
걱정하지 말라. 두려워하지 말라.

내가 다시 말하노니
걱정하지 말라. 두려워하지 말라.

무거운 한숨을 접고 내게 달려와 안길지니라

네 마음이 왜 무거운지 너는 알고 있음이라.
그러나 그 무거운 마음은 모두 어디로 가져가야 하느냐?
나에게로 갖고 와야 할지니라.

한숨 짓지 말라.
짜증도 내지 말라.
두려워하지도 말라.

이 모든 것은 하나님을 기쁘게 하지 않는 감정이니,
그런 것을 접고 나에게 달려올지니라.
나에게 달려올지니라.
그리고 나에게 안길지니라.

내가 너를 안아주고
너의 등을 토닥여주며
슬퍼하는 네 마음을 받아줄 것이니라.

다른 사람에게 가지 말고,
다른 신에게 가지 말고,
너는 나에게 나올지니라.

나는 너를 사랑하는 하나님이요,
한결같은 하나님이요,
처음부터 끝까지 동일한 하나님이요,
어제나 오늘이나 내일이나 영원토록
너를 사랑하는 사랑의 하나님 아버지인 것을
알았으면 좋겠구나.
네가 그렇게 나를 알았으면 좋겠구나.

백성들아 시시로 그를 의지하고
그의 앞에 마음을 토하라
하나님은 우리의 피난처시로다 (셀라) 시 62:8

넘어져도 다시 일어나면 되느니라

네가 넘어진 때가 있느냐?
걱정하지 말지니라.
의인은 일곱 번 넘어져도 다시 일어나겠거니와,
너도 다시 일어날 것이니라.

대저 의인은 일곱 번 넘어질지라도 다시 일어나려니와
악인은 재앙으로 말미암아 엎드러지느니라 잠 24:16

넘어지는 횟수에 너무 마음 쓰지 말고
그 때문에 자책감에 빠지지도 말라.
중요한 것은 일어나는 횟수인 것이라.

네가 7번이 아니라 70번 넘어진다 할지라도,
70번이 아니라 7,000번을 넘어진다 할지라도
7,001번째는 일어나야 할 것이니라.
의인은 넘어지지 않는 자가 아니라
넘어진다 할지라도 다시 일어나는 자인 것이라.

너는 내가 기뻐하는 의인이라.
네가 한 번도 넘어지지 않아서 의인이 아니라
넘어졌지만 다시 일어났기 때문에
내가 기뻐하는 의인인 것이라.

네가 이제 일어났으니 걸어야 할 것이고,
뛰어야 할 것이고, 여호와 하나님을 위해서
열심히 너의 최선을 다해야 할 것이니라.
그 힘도 네 힘이 아니라 내가 네게 공급해줄 것이니라.

자기 스스로 힘을 공급받는 자가 아니라
넘어지면 다시 일어나
하나님으로부터 힘을 공급받는 자가
하나님 눈에는 의인인 것이라.
너는 내 눈에 의인인 것이라.
사람들의 눈에 의인 됨이 중요한 것이 아니고
내 눈에 의인 됨이 중요한 것이라.

넘어질지라도 염려하지 말라. 걱정하지 말라.
너는 다시 일어나면 되는 것이라.
나 여호와가 너를 다시 일어나도록 도와줄 것이니라.

기름을 함께 준비해주는 사람이 될지니라

내가 네게 기름을 준비하라고 한 것을 기억하느냐?
기름을 준비하는 슬기로운 신부들에 관한 이야기를
내가 네게 들려주었음이라.

슬기 있는 자들은 그릇에 기름을 담아
등과 함께 가져갔더니 마 25:4

너만 기름을 준비하는 것이 중요한 것이 아니고,
너는 다른 사람들도 기름을 준비할 수 있도록
도와주는 사람이 되어야 함을 기억할지니라.

너 하나 기름을 준비하는 것이 아니라
다른 사람들도 기름을 준비할 수 있도록
그들이 필요한 것을 공급할 수 있는 자리에 서기를
너는 사모할지니라.

나에게는 그러한 사람들이 필요함이라.
자기 혼자만의 기름을 준비하는 사람이 아니라
다른 사람들의 기름도 함께 준비해줄 수 있는 사람들이
나에게 필요하다는 것을 너는 기억하면 좋겠구나.

왜 같은 고난이 계속되는지 아느냐?

사랑하는 나의 딸아.
내가 누누이 말하지 아니하였느냐?
네게 믿음이 필요하고,
이 싸움은 너의 싸움이 아니라 나의 싸움이라고
이미 네게 말했음이라.

네 믿음이 어디 있느냐?
두려워하지 말라. 놀라지 말라.
내가 너의 하나님이라고 몇 번 말했느냐?
왜 아직도 믿음이 없느냐?

네게 그 믿음이 있을 때까지
똑같은 고난을 받고 있다는 것을 알지 못하느냐?
너는 언제 이 고난이 끝나느냐고 물어보는데,
네게 믿음이 있을 때까지인 것이라.
내가 네게 원하는 것은 믿음이라.

너의 재물도 아니고
너의 행복한 모든 것들,
그래서 하나님 앞에 간증 올리는 그런 것이 아니라
나를 향하여 갖고 있는 흔들리지 않는 믿음,
그 믿음을 내가 원하는 것이라.

너는 누구를 기쁘게 하기 위해서 살고 있느냐?
네 인생의 목적이 무엇이냐?
네가 나를 사랑하고 나를 위해 산다고 말했는데
지금 너는 왜 두려워하느냐?
내가 기뻐하는 것은 믿음이라고 누누이 말했는데,
너는 지금 왜 두려워하느냐?
너의 믿음이 어디 있느냐?

딸아, 믿음을 가질지니라. 믿음을 가질지니라.
믿음이 없이는 하나님을 기쁘시게 못 하나니
딸아, 믿음을 가질지니라.

믿음이 없이는 하나님을 기쁘시게 하지 못하나니
하나님께 나아가는 자는 반드시 그가 계신 것과 또한 그가
자기를 찾는 자들에게 상 주시는 이심을 믿어야 할지니라 히 11:6

나를 경외함으로 지혜롭고 겸손할지니라

왜 그렇게 조급해하느냐.
서두르지 말라. 서두르지 말라.
여호와 하나님인 내가 일하고 있음이라.
네가 하는 일이 아니라
내가 하고 있는 일이라는 것을 명심할지니라.

어떠한 전쟁이라도
이 전쟁은 네게 속한 것이 아니고 여호와께 속한 전쟁이라.

… 여호와께서 이같이 너희에게 말씀하시기를
너희는 이 큰 무리로 말미암아 두려워하거나 놀라지 말라
이 전쟁은 너희에게 속한 것이 아니요 하나님께 속한 것이니라

대하 20:15

그러하니
"강하고 담대하라."
"강하고 담대하라."

네게 필요한 지혜는 내가 공급해줄 것이니라.
네가 어디에 가든지
내가 그 자리에 함께해줄 것이며,
네가 어떤 말을 해야 할 때
네가 필요한 말을 할 수 있도록,
듣는 사람에게 덕이 되는 지혜의 말을 할 수 있도록
내가 도와줄 것이니라.

그러니 강하고 담대할지니라.
또한 겸손할지니라.
겸손은 존귀의 길잡이가 되느니라.

오늘도 허리를 겸손으로 동이고,
모든 계획을 완전하게 만들고 행하는
나와 함께 새 하루를 시작할지니라.

젊은 자들아 이와 같이 장로들에게 순종하고
다 서로 겸손으로 허리를 동이라
하나님은 교만한 자를 대적하시되
겸손한 자들에게는 은혜를 주시느니라 벧전 5:5

모든 영적 전쟁에서 기억하고 명심할 것

너는 매일같이 영적 전쟁을 하고 있음이라.
네가 영적 전쟁이 무엇인지를 알고 있으매
그것이 나를 기쁘게 하노라.

매일같이 임하는 영적 전쟁에
여호와 하나님이 너를 항상 도와주신다는 것을 기억할 때
너는 절대로 패배자가 될 수 없음이라.
너는 항상 승리하는 전쟁을 하게 될 것이니라.

그러나 늘 명심할 것은
너의 전쟁은 혈과 육에 대한 것이 아니라는 것이라.

혈과 육이 있는 사람들을 향하여
네 마음과 에너지를 쓰지 말고,
눈에 보이지 않는 어둠의 영들이
네게 항상 원수가 된다는 것을 명심할지니라.

우리의 씨름은 혈과 육을 상대하는 것이 아니요

통치자들과 권세들과 이 어둠의 세상 주관자들과

하늘에 있는 악의 영들을 상대함이라 엡 6:12

하나님보다 네가 먼저 말하려고 하지 말라

남을 판단하지 말라고
내가 성경 말씀에 이미 기록해두었음이라.
섣불리 판단하지 않도록 할지니라.
그것이 너의 지혜가 될 것이니라.

성급함.
하나님보다 먼저 가 있는 게 좋지 않다는 것을
너도 이미 알고 있음이라.

앞서가지 말라.
하나님보다 앞서가는 말도 하지 말지니라.
하나님도 아직 그 사람에게 하지 않으신 말씀을
왜 네가 먼저 하려고 하느냐?

하나님께서 그 사람에게 말씀하시도록
네가 기다리는 것은 어떻겠느냐?

네가 먼저 말하는 게 아니라
하나님께서 먼저 말씀하시도록 기다림이
네가 하나님보다 더 옳은 사람이 아니라는 것을
주님께 알려드리는 한 가지 방법이 되지 않겠느냐?

하나님보다 더 의로운 사람은
아무도 없다는 것을 너는 알고 있음이라.

그러니 네가 옳은 말, 옳은 지식이라 생각할지라도
말할 때 하나님을 기다리는 인내와 지혜와 분별력이
네게 있기를 내가 축복하노라.

그러므로 때가 이르기 전
곧 주께서 오시기까지 아무것도 판단하지 말라
그가 어둠에 감추인 것들을 드러내고
마음의 뜻을 나타내시리니 그 때에 각 사람에게
하나님으로부터 칭찬이 있으리라 고전 4:5

성경 말씀을 네 소유로 삼으라

사랑하는 딸아, 사랑하는 아들아!
강하고 담대할지니라. 내니 안심할지니라.

너와 내가 함께 있으면 네가 못 할 일은 아무것도 없음이라.
네게 능력 주시는 자 안에서 네가 모든 것을 할 수 있다는
성경 말씀을 너는 알고 있음이라.

내게 능력 주시는 자 안에서 내가 모든 것을 할 수 있느니라
빌 4:13

네가 알고 있는 성경 말씀
네가 외웠던 성경 말씀
네가 들었던 성경 말씀

그러한 하나님의 말씀이
네 삶의 소유가 되는 시간이 있는 것이라.
지금이 그때인 것이라.

네가 알고 있는 성경 말씀을 그대로 믿고,
그 성경 말씀이 네 삶 가운데 힘과 능력을 줄 수 있도록
너는 그것을 믿어야 하는 때가 있다는 것이다.

모든 것엔 때가 있나니
지금은 네가 마음으로만 알고 있는 말씀을
믿어야 할 때가 된 것이라.

이렇게 믿게 되는 말씀은 네게 소유가 되나니
이러한 소유는 성경에서 말씀한 바와 같이
네가 하나님의 말씀을 지켰다고 고백할 때
네게 주어지는 것이라.

내 소유는 이것이니 곧 주의 법도들을 지킨 것이니이다

시 119:56

그러한 소유를 사모할지니라.

짐으로 힘을 삼고 나를 사랑함으로 힘을 얻으라

너는 오늘 힘이 있느냐?
힘이 없다 한다면 너는 그 이유가 무엇이라고 생각하느냐?

네 어깨에 놓인 짐들 때문에 힘이 없다고 생각하느냐?
그 짐이 '짐'이 아니라 '힘'이라는 생각을 해본 적이 있느냐?

남들을 위해서 살게 되면
너는 남들을 위해서 마음을 추스려야 하고
네게 없는 힘도 더 내야 하고 소망도 다시 가져야 하고
위로의 말도 해주어야 하고 기도도 더 해주어야 하니
그 어느 것도 네게 '짐'이 아니라 '힘'이 된다는 것이란다.

이 힘을 네가 언제 받을 수 있겠느냐?
바로 네가 마음 다하여 정성 다하여
너의 뜻 다하여 목숨 다하여
나를 사랑한다고 고백하는 그때가 아니겠느냐?

내가 네게 원하는 무엇인가를 하기 전에
그 어떤 것이라도 '짐'이 된다고 생각하지 않기 위하여
너는 오늘도 나를 '사랑'한다는 입술의 고백으로
나에게 나와야 할지니라.

"여호와여, 주를 사랑함이 나의 힘이 됩니다."

나의 힘이신 여호와여 내가 주를 사랑하나이다 시 18:1

내 앞에 온전히 정직함으로 능력을 삼을지니라

너는 정직이 무엇인지를 나에게 배워서 알고 있음이라.
나는 정직한 자에게 좋은 것을 아끼지 아니하는
하나님이라고 네게 가르쳐주었음이라.

여호와 하나님은 해요 방패이시라
여호와께서 은혜와 영화를 주시며 정직하게 행하는 자에게
좋은 것을 아끼지 아니하실 것임이니이다 시 84:11

자신이 정직하다고 말하지만
정직하지 않은 사람들이 있는데
그들이 말하는 정직은 내가 말하는 정직과 다른 것이라.
내가 말하는 정직은 100퍼센트 온전한 정직이라.
타협하는 정직이 아니라 온전하고 순전한 정직이
내가 원하는 정직인 것이라.

사람의 행위가 자기 보기에는 모두 정직하여도
여호와는 마음을 감찰하시느니라 잠 21:2

하나님의 뜻에 합당한 삶을 살아간다는 것은
진리가 되시는 예수를 존중한다는 것이고,
그분이 하시는 말씀 그대로 살아가기를
마음 다하여 노력한다는 것이라.

물론 그러한 모든 노력이
자기 의로 되는 것은 아니지만,
하나님은 모든 사람의 동기를 이미 알고 계심이라.
어떠한 마음으로 하나님의 율법을 지키는지
하나님이 알고 계신다는 것이라.

사랑하는 딸아
사랑하는 아들아

끝까지 정직하라.
타협 없이 정직할지니라.
그 정직은 네게 능력이 됨이라.

성령의 은사보다 열매를 사모하라

너는 성령의 열매에 대해서 배웠고,
성령의 은사에 대해서도 배웠음이라.

성령의 은사는
내가 그 누구라도 원하는 사람에게
단시간에 줄 수 있다는 것을 생각해보았느냐?

내가 아무 때나 누구에게나 줄 수 있는 것이
성령의 은사라는 것이다.

그러나 성령의 열매는
단시간에 이루어지는 것이 아니라는 것을
너는 기억할지니라.

또한, 열매라는 것은
너를 위하여 있는 것이 아니라
다른 사람들을 위하여 있다는 것도 기억할지니라.

오직 성령의 열매는 사랑과 희락과 화평과
오래 참음과 자비와 양선과 충성과 온유와 절제니
이같은 것을 금지할 법이 없느니라 갈 5:22,23

네 삶 가운데
성령의 은사를 사모하는 것도 중요하지만
성령의 열매를 맺는 사람이 될지니라.

하나님은 네 열매를 보아서
네가 하나님을 잘 섬기는 사람인지
섬기지 않는 사람인지를 알게 되는 것이고,
너의 이웃들도 마찬가지인 것이라.

성령의 은사도 중요하지만,
성령의 열매를 사모하고
기다림으로 열매를 맺어가는 네가 될지니라.

서로 귀히 여겨 기도가 막히지 않게 할지니라

사랑하는 내 딸아
사랑하는 내 아들아

내가 사랑하는 나의 자녀들을
서로 귀히 여길지니라.
서로 귀히 여길지니라.

한 사람만 상대편을 귀히 여기는 것이 아니라
서로 귀히 여길지니라.

너의 기도가 막히지 아니할 것이니라.
너의 기도를 내가 듣고 있음이라.
너의 기도 중에 땅에 떨어지는 것이 없음이라.

그러나 너는 너의 이웃을, 너의 가족을,
네 공동체의 지체를 귀히 여기느냐?
귀히 여기느냐?
귀히 여길지어다.
그리하여야 너의 기도가 막히지 아니할 것이니라.

남편들아 이와 같이 지식을 따라 너희 아내와 동거하고
그를 더 연약한 그릇이요
또 생명의 은혜를 함께 이어받을 자로 알아 귀히 여기라
이는 너희 기도가 막히지 아니하게 하려 함이라 벧전 3:7

관계에도 가지치기가 필요함이라

사랑하는 딸, 사랑하는 아들아!
네가 무슨 일을 하더라도
여호와 하나님을 섬김에
마음의 흐트러짐이 없기를 원하노라.

마음이 여러 갈래로 나뉘지 않고
한 가지 아주 단단하고 견고한 마음 자세가
네게 있기를 내가 원하노라.

내가 이것을 말함은 너희의 유익을 위함이요
너희에게 올무를 놓으려 함이 아니니
오직 너희로 하여금 이치에 합당하게 하여
흐트러짐이 없이 주를 섬기게 하려 함이라 고전 7:35

네가 사람들을 섬기는 것도 너무나 좋고
사람들과 모두 화목한 것도 너무나 좋지만,

하나님을 섬기는 데 흐트러짐이 없으려면
너의 섬김 가운데
방해가 되는 관계도 있다는 것을 알아야 할 것이니라.

모든 사람과 다 화목할 수 없음이라.
모든 사람을 사랑해야 하지만,
모든 사람과 화목할 수 없을 때
화목하지 못하는 그 기준이 바로
네가 나를 흐트러짐이 없는 마음으로
섬길 수 있는가 그렇지 아니한가,
그것을 분별하면 될 것이니라.

네가 가진 관계 때문에
하나님을 섬기는 일이 너무 버겁고 혼란스럽고
항상 어깨의 짐같이 무거운 일이 된다면
너는 다시 한번 너의 관계들을 돌아보아야 할 것이니라.

네가 흐트러짐 없이 하나님을 섬기는 것에
어떠한 관계가 장애물이 되는지 보아야 할 것이고
또한 기도하여야 할 것이니라.
내가 네게 지혜를 줄 것이니라.

자녀보다 먼저 나를 사랑하고 믿을지니라

자녀가 네게 우상이 되지 않도록 할지니라.
너는 이 땅의 자녀를 사랑하라고 보내진 사람이 아니고,
나를 사랑하라고 보내진 사람이라.

먼저 너는 나를 사랑할 수 있어야 하고,
마음 다하여, 목숨 다하여, 정성 다하여,
모든 뜻을 다하여 나를 사랑해야 할지니라.
그것이 네게 준 첫째 되는 계명인 것이라.
그리고 이웃을 사랑하는 것이라.

너는 마음을 다하고 뜻을 다하고 힘을 다하여
네 하나님 여호와를 사랑하라 신 6:5

네 자녀는 내게 맡겨야 하는 것이 아니겠느냐?
기도로 맡길 때는 걱정함 없이 맡겨볼 수 없겠느냐?
너는 기도도 많이 하지만
걱정도 많이 하고 자기연민의 눈물도 많구나.

너는 나를 신뢰하느냐?
네게 중요한 것은 믿음이라.
나를 믿는 믿음이 중요한 것이라.
나머지 일들은 내가 알아서 할 것이니라.
그것도 네가 믿어야 하는 것이라.

나에게 맡길지니라.
네가 할 수 없으니 나에게 맡기고 너는 자유할지니라.

너는 나를 누리는 것을 배울지니라.
나를 기뻐하는 것을 배울지니라.
너의 자녀가 아니라 나를 기뻐하는 것을 배울지니라.
네가 배워야 할 것이니라.
그래야 네가 이 모든 일을 넉넉하게 다 감당하게 될 것이니라.

내가 네게 다시 말하노니 나를 사랑하라.
그 누구를 사랑하고 책임지기 이전에 나를 사랑하라.
여호와 하나님이 모든 것을 다 알아서 하신다는
그러한 믿음이 네게 있어야 할지니라.

나를 믿음으로 후히 나누고 베풀고 심으라

사랑하는 딸아,
네가 승리하였음이라.
이 승리는 여호와 하나님이 네게 주신 것이라.

네가 승리하였음이라.
너의 믿음이 승리하였음이라.
너의 믿음이 여호와를 이미 기쁘시게 하였음이라.

하나님을 기쁘시게 하면
하나님이 그 마음의 소원을 들어준다는 것이
너를 통하여 사람들에게 증거될 것이니라.

또 여호와를 기뻐하라
그가 네 마음의 소원을 네게 이루어주시리로다 시 37:4

나는 너를 사랑하는 하나님이요,
너의 기도를 기억하는 하나님이요,
너와 동행하는 하나님이요,
너의 앞날을 인도하는 하나님이요,
너보다 먼저 가 계신 하나님이라.

모든 것은 미리 준비되어 있고,
내가 얼마만큼 너를 사랑하는지
너는 이번에도 또 알게 될 것이니라.

사랑하는 딸아, 염려하지 말라.
그리고 네가 가진 것을 남들과 나누는 것에 절대로
인색하지 말라. 금도 내 것이요 은도 내 것이라.

은도 내 것이요 금도 내 것이니라
만군의 여호와의 말이니라 학 2:8

베풀어주는 너의 손길을 내가 이미 알고 있음이라.
너는 좋은 것을 많이 심었음이라.
사람은 심는 것을 거두게 되어 있음이라.
네가 좋은 것을 많이 심었으니 좋은 것으로 많이 거둘 것이라.

하나님이 이미 너를 복 주셨음이라.
너의 앞날에 여호와 하나님이 더더욱 동행하실 것이고,
너를 더 밝게 인도하여 주실 것이고,
너는 주위 사람들에게 밝은 빛으로 살아갈 것이니라.
복음의 통로로 살아가게 될 것이니라.

네 기도가 막힘 없이 응답받기를 바라느냐?

네 주위에 있는 사람들을 귀히 여길 줄 알아야 하느니라.
네 기도가 막히지 않기를 원하느냐?
네 주위에 있는 모든 사람을 귀히 여긴다면
네 기도가 막히지 아니할 것이라.

남편들아 이와 같이 지식을 따라 너희 아내와 동거하고
그를 더 연약한 그릇이요
또 생명의 은혜를 함께 이어받을 자로 알아 귀히 여기라
이는 너희 기도가 막히지 아니하게 하려 함이라 벧전 3:7

모든 사람은 내가 창조한 나의 사람이라.
어느 부모인들 자기 자녀를 기뻐해주고 선하게 대하고
귀히 여겨주는 사람을 선대하지 아니하겠느냐?

네가 기도하는 모든 기도가 막힘이 없이
나로부터 응답받기를 원한다면
비결이 다른 데 있지 아니함을 알아야 할 것이니라.

내가 귀히 여기는 생명들을
너도 귀히 여길 줄 알아야 하는 것이라.

한 사람 한 사람을 귀히 여기는 마음이
곧 나를 기쁘게 하는 마음인 것이라.
네가 나를 기쁘게 하면
나는 네 마음의 소원을 들어줄 것이라.

네 기도가 막히지 않기를 원하느냐?
네 기도가 응답받기를 원하느냐?
그렇다면 네 주위에 있는 사람들을
귀히 여기는 것을 잊지 않도록 할지니라.

예수 그리스도의 재림을 사모하는 자가 될지니라

너는 나를 기다리느냐?
"마라나타"라는 말을 많은 사람이 하고 있지만
너는 나를 기다리느냐?
너는 내가 다시 온다는 그 약속의 말씀을 믿고 있느냐?

이것들을 증언하신 이가 이르시되
내가 진실로 속히 오리라 하시거늘
아멘 주 예수여 오시옵소서(마라나타) 계 22:20

너는 그날을 사모하느냐?
그날을 사모한다면 어떤 사람이 되어야 한다고
내가 이미 성경에 기록해두었음이라.

그날을 사모하는 자가 되고,
아무것에도 흠이 없는 자가 되도록
힘써 노력할지니라.

흠도 없고 점도 없이
책망받을 것 없이 내 앞에 서려는
그 노력을 절대로 중간에서 타협하지 말고

남들이 무어라 하더라도,
주위에 네가 볼 수 있는 본보기가 없다 할지라도,
너는 성경을 이미 알고 있으니
성경을 상고하는 자가 될지니라.

그날을 사모하는 자가 될지니라.
나는 내 약속을 꼭 지키는 여호와 하나님이라는 것을
너는 알게 될 것이니라.

나, 주 예수 그리스도의 재림을
기대하는 네가 될지니라.
사모하는 네가 될지니라.

믿음으로 깨어서 다시 오실 주를 기다리라

이 땅에 새로운 것이 아무것도 없나니
해 아래 새로운 것이 아무것도 없나니
사람의 악함은 절대로 새로운 것이 아니니라.

사람이 악하고 구제받을 수 없을 것 같아도
여호와 하나님은 사랑의 하나님이신 것이라.

이 시간도 기다리시고 멸망시키지 아니하시고
이 땅에 하나님이 불로 심판하지 않는 이유는
딱 한 가지라는 것을 너는 명심할지니라.

단 한 사람이라도 더
구원에 이르기를 기다리는 마음 때문에
오늘도 이 땅과 하늘이 그대로 존재한다는 것이다.

하나님은 모든 사람이 구원을 받으며
진리를 아는 데에 이르기를 원하시느니라 딤전 2:4

사랑하는 나의 딸
사랑하는 나의 아들

경건할지니라.
깨어서 기도할지니라.
여호와 하나님은
약속하신 것을 꼭 이루시는 하나님이시라.

"내가 온다" 그렇게 말했으면
예수님은 꼭 오게 되어 있는 것이라.

잠시 잠깐 후면 오실 이가 오시리니
지체하지 아니하시리라 히 10:37

예수 그리스도
그는 이 땅에 꼭 다시 오실
재림의 주이심을 너는 명심하고
정신 차리고 깨어서
하나님을 잘 믿고 경외하는 자가 될지니라.

주님으로부터

초판 1쇄 발행	2024년 10월 29일
초판 11쇄 발행	2025년 6월 11일

지은이 　　　　임은미

펴낸이 　　　　여진구
책임편집 　　　최현수 구주은
편집 　　　　　이영주 박소영 안수경 김도연 김아진
책임디자인 　　마영애 노지현 | 조은혜 정은혜 남은진
홍보 · 외서 　　진효지
마케팅 　　　　김상순 강성민　　　　　　마케팅지원　　최영배 정나영
제작 　　　　　조영석 허병용　　　　　　경영지원　　　김혜경 김경희

303비전성경암송학교 유니게 과정
이슬비전도학교 / 303비전성경암송학교 / 303비전꿈나무장학회

펴낸곳 　　　　규장

주소 06770 서울시 서초구 매헌로 16길 20(양재2동) 규장선교센터
전화 02)578-0003　　팩스 02)578-7332
이메일 kyujang0691@gmail.com　　　　　홈페이지 www.kyujang.com
페이스북 facebook.com/kyujangbook　　　인스타그램 instagram.com/kyujang_com
카카오스토리 story.kakao.com/kyujangbook
등록번호 1922-2461
since 1978.08.14

ⓒ 저자와의 협약 아래 인지는 생략되었습니다.
이 출판물은 저작권법에 의해 보호를 받는 저작물이므로 무단 전재와 무단 복제를 할 수 없습니다.

책값 뒤표지에 있습니다.
ISBN 979-11-6504-567-8 03230

규 | 장 | 수 | 칙

1. 기도로 기획하고 기도로 제작한다.
2. 오직 그리스도의 성품을 사모하는 독자가 원하고 필요로 하는 책만을 출판한다.
3. 한 활자 한 문장에 온 정성을 쏟는다.
4. 성실과 정확을 생명으로 삼고 일한다.
5. 긍정적이며 적극적인 신앙과 신행일치에의 안내자의 사명을 다한다.
6. 충고와 조언을 항상 감사로 경청한다.
7. 지상목표는 문서선교에 있다.

하나님을 사랑하는 자 곧 그의 뜻대로 부르심을 입은 자들에게는 모든 것이 合力하여 善을 이루느니라(롬 8:28)

Member of the
Evangelical Christian
Publishers Association

규장은 문서를 통해 복음전파와 신앙교육에 주력하는 국제적 출판사들의
협의체인 복음주의출판협회(E.C.P.A:Evangelical Christian Publishers
Association)의 출판정신에 동참하는 회원(Associate Member)입니다.